NUEVO diverso ESPAÑOL B

Encina Alonso
Jaime Corpas
Carina Gambluch

Primera edición, 2021

Produce: SGEL – Libros
Avda. Valdelaparra, 29
28108 Alcobendas (Madrid)

© Encina Alonso, Jaime Corpas, Carina Gambluch
© SGEL Libros S. L., 2021
Avda. Valdelaparra, 29, 28108 Alcobendas (Madrid)

Dirección editorial: Javier Lahuerta
Redacción Videoblog: Anna Méndez
Edición: Yolanda Prieto y Belén Cabal
Corrección: Paula Queraltó

Diseño de cubierta: Violeta Cabal
Fotografías de cubierta: Shutterstock
Diseño de interior y maquetación: Violeta Cabal

Ilustraciones: Pablo Torrecilla: pág. 18 (viñetas), pág. 31 (salón), pág. 89 (plano Ciudad de México), pág. 99 (viñeta), pág. 128 (dibujo); y Shutterstock (resto de ilustraciones, cartografía y banderas).

Fotografías: SHUTTERSTOCK, de las cuales, solo para uso de contenido editorial: pág. 13 (Rob Crandall / Shutterstock.com); pág. 18 foto B (Tati Nova photo Mexico / Shutterstock.com); pág. 19 foto Sant Jordi (Iakov Filimonov / Shutterstock.com); pág. 20 foto autobús (arway / Shutterstock.com) y foto Vesak (Heng Lim / Shutterstock.com); pág. 48 foto coche (IROOM STOCK / Shutterstock.com); pág. 68 foto 2 (Cintia Erdens Paiva / Shutterstock.com); pág. 114 foto lluvia (Andriy Blokhin / Shutterstock.com).

Para cumplir con la función educativa del libro se han empleado algunas imágenes procedentes de internet

Audio: Bendito Sonido. **Locutores:** Gregorio Tavío, Olga Hernangómez, Mamen Delgado, Carlos Domínguez, María Sánchez, Mario Núñez, Claudia Lahuerta, Bernardino León, Fabio Cobos, Daiana Bertucci, Pablo Sainz, Julián Caraca, Roberto González, Joaquín Mulén, Dilma Albán, Luisa Ezquerra, Susana Pardo, Borja Fernández, Carlos Pérez, Mark Gómez, Eva Mackey, Frankie Mackey, Andrés Calero, Greighton Torres, Nancy Sánchez, Natalia de la Cruz

ISBN: 978-84-17730-32-1

Depósito legal: M-19546-2021
Printed in Spain – Impreso en España
Impresión: Gómez Aparicio Grupo Gráfico

Cualquier forma de reproducción, distribución, comunicación pública o transformación de esta obra solo puede ser realizada con la autorización de sus titulares, salvo excepción prevista por la ley. Diríjase a CEDRO (Centro Español de Derechos Reprográficos) si necesita fotocopiar o escanear algún fragmento de esta obra (www.conlicencia.com; 91 702 19 70 / 93 272 04 47)

ÍNDICE

1 Diversidad — 5
2 Tradición — 15
3 Cambio — 25
4 Convivencia — 35
5 Información — 45
6 Bienestar — 55
7 Ciencia — 65
8 Amor — 75
9 Solidaridad — 85

Más gramática y ejercicios — 95
Transcripciones — 117

DIVERSIDAD   1

IDENTIDADES

1 Completa la tabla con los femeninos y los contrarios de estos adjetivos.

	femenino singular	contrarios
1 alto	alta	bajo, baja
2 gordo		
3 grande		
4 liso		
5 largo		
6 guapo		

2 Lee las descripciones y compáralas con los dibujos. Hay tres cosas incorrectas en cada uno. Corrígelas.

1 _____
2 _____
3 _____

A Es muy alta y delgada. Tiene el pelo corto, rubio y rizado. Lleva gafas y un tatuaje.

1 _____
2 _____
3 _____

B Es bastante mayor, un poco gordito y también un poco calvo. Lleva barba y bigote.

3 Escribe los artículos determinados de estos sustantivos.

1 *la* piel
2 ____ tatuaje
3 ____ brazo
4 ____ sombrero
5 ____ dientes
6 ____ descripción
7 ____ maquillaje
8 ____ bigote
9 ____ perilla
10 ____ edad
11 ____ pelo
12 ____ gafas

4 Dibuja.

1 Un señor un poco gordo.   2 Una señora bastante gorda.

3 Un niño muy gordo.   4 Una señora con el pelo un poco largo.

5 Un chico con el pelo bastante largo.   6 Una niña con el pelo muy largo.

cinco **5**

1 Diversidad

5 Lee este extracto de un artículo. Según el autor, ¿cuáles de las siguientes frases son verdaderas?

1. La lengua es lo que crea una identidad común. ☐
2. En América hay muchas identidades. ☐
3. Las personas se parecen mucho físicamente. ☐
4. En todos los países se habla de la misma manera. ☐

Una lengua cambiante y múltiple

Sergio Ramírez

Cuando en América hablamos acerca de la identidad compartida, nuestro punto de partida, y de referencia común, es la lengua. No somos una identidad étnica, no somos una multitud homogénea, no somos una raza, somos muchas razas. La diversidad es lo que hace la identidad. Tendremos identidad mientras la busquemos y queramos encontrarnos en el otro. Pero somos una lengua, que tampoco es homogénea. La lengua desde la que vengo, y hacia la que voy, y que mientras se halla en movimiento, me lleva consigo de uno a otro territorio, territorios reales o territorios verbales.

Extraído de: www.elpais.com

HÁBITOS

6 ¿Cuál de estos hábitos te parece bueno, cuál malo, y cuál puede ser las dos cosas? ¿Por qué? Comentadlo en pequeños grupos. ¿En cuáles coincidís?

1. Levantarse tarde.
2. Llevar una dieta equilibrada.
3. Hacer ejercicio.
4. Ver muchas horas la televisión.
5. Leer libros.
6. Comer de pie.
7. Ir andando a clase.
8. Tener una buena higiene.
9. Comer mucho chocolate.
10. Dormir bien.

Es un buen hábito	Es un mal hábito	Puede ser un hábito bueno o malo

7 ¿Qué haces tú normalmente de lunes a viernes? ¿Y los fines de semana? Escribe tus costumbres.

De lunes a viernes...
Me levanto siempre a las siete y media.
_____
_____
_____

Los fines de semana...
Salgo con mis amigos.
_____
_____
_____

Diversidad 1

8 Completa la tabla con la conjugación de estos verbos en presente.

pensar	dormir	repetir	lavarse
pienso		repito	
	duermes		te lavas
		repite	se lava
pensamos	dormimos		
	dormís		os laváis
piensan		repiten	

9 Completa estas frases. Escribe tres cosas para cada frase.

1 A mí...
   me gusta salir con mis amigos los fines de semana.
   ___
   ___

2 A mi mejor amiga...
   ___
   ___
   ___

3 A mis compañeros de clase...
   ___
   ___
   ___

4 A nuestro profesor...
   ___
   ___
   ___

10 ¿Qué prefieres?

1 ¿Café o té?
   Prefiero tomar café.
2 ¿Ducharte por la noche o por la mañana?
   ___
3 ¿Leer el periódico en papel o en digital?
   ___
4 ¿Viajar en coche o viajar en avión?
   ___
5 ¿Ir de compras solo o con tus amigos?
   ___
6 ¿Escribir los deberes a mano o con el ordenador?
   ___
7 ¿Oír música con o sin auriculares?
   ___

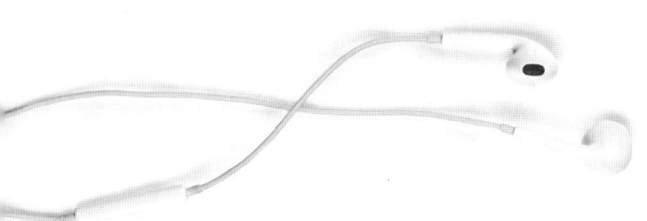

11 Reacciona y escribe con qué frecuencia haces tú estas cosas.

1 Nunca me acuesto antes de las doce de la noche.
   ___
2 Siempre veo la televisión después de cenar.
   ___
3 A veces leo en la cama.
   ___
4 Casi siempre escucho música cuando voy por la calle.
   ___
5 Normalmente hablo español en la clase.
   ___

12 🎧 1 Teresa habla de lo que hace en un día normal en un *podcast* sobre hábitos. Escucha y señala los que menciona.

1 ☐ Se levanta a las siete y media.
2 ☐ Desayuna antes de ducharse.
3 ☐ Pasea por el parque con su perro durante una hora.
4 ☐ Va al trabajo en bicicleta.
5 ☐ Trabaja cuatro horas y después tiene un descanso de una hora.
6 ☐ Va a la cafetería a comer con sus compañeros.
7 ☐ Después de comer trabaja otras cuatro horas.
8 ☐ Va al mercado.
9 ☐ Escucha las noticias en la radio mientras cocina.
10 ☐ A las once y media se va a la cama.
11 ☐ Le gusta leer antes de dormir.

13 Escribe algunos hábitos para estas profesiones.

A Un(a) profesor(a):
1 *Se levanta pronto para ir al colegio.*
2 *Da cuatro o cinco clases al día y corrige.*
3 *Prepara las clases a menudo en casa.*

B Un(a) bailarín / bailarina:
1 ___
2 ___
3 ___

C Un(a) camarero/-a:
1 ___
2 ___
3 ___

siete **7**

Diversidad

ESTILOS DE APRENDIZAJE

14 Lee cómo son los siguientes estudiantes y subraya las frases que te definen a ti.

A Lucía
- Prefiero trabajar sola que con otras personas.
- Me gusta reflexionar y analizar. Tengo siempre mis propias ideas.
- Me conozco muy bien a mí misma.

B Bea
- Me gustan el ajedrez y los problemas de lógica.
- Soy buena trabajando con números, gráficos y estadísticas.
- Para mí son importantes la estructura y la secuencia.

C Félix
- Tengo muy buena orientación y me gusta utilizar mapas.
- Me gusta más dibujar que escribir.
- Me encantan los cómics y los vídeos.

D Julia
- Tengo muy buena coordinación y normalmente practico deporte o bailo.
- No me gusta estar sentada mucho tiempo, prefiero moverme.
- Me gustan los rompecabezas.

E David
- Tengo muy buen sentido del ritmo y me gusta todo lo relacionado con la música.
- Puedo recordar y cantar muchas canciones.
- Me molesta cuando hay mucho ruido.

F Sonia
- Soy muy buena en todo lo referente a las lenguas: escribir, leer, hablar…
- Me encantan los crucigramas y otros juegos de ese tipo.
- Me gusta leer, y también escribir historias y cuentos.

G Max
- Soy muy sociable, me gusta estar con otras personas y trabajar en grupos.
- Soy muy empático y comprendo muy bien a mis amigos.
- Me comunico bien y me gusta ser el portavoz en un grupo.

15 Además de estilos sensoriales, existen también tipos de inteligencia diferentes. Relaciona las personas anteriores con el tipo de inteligencia que tienen. ¿Y tú, qué tipo de inteligencia tienes? Comprueba con las frases que has subrayado.

1. ☐ Inteligencia lógico-matemática.
2. ☐ Inteligencia musical.
3. ☐ Inteligencia visual-espacial.
4. ☐ Inteligencia interpersonal o social.
5. ☐ Inteligencia intrapersonal o intuitiva.
6. ☐ Inteligencia verbal o lingüística.
7. ☐ Inteligencia corporal o quinestésica.

Soluciones: A 5; B 1; C 3; D 7; E 2; F 6; G 4

Diversidad

16 Completa estas frases con *cada, cada uno, cualquier* o *cualquiera*.

1. Debéis repartir el trabajo. _____ alumno responde a una pregunta.
2. No tenéis que utilizar un formato concreto. _____ formato es aceptable.
3. Quiero ver _____ de los exámenes encima de la mesa.
4. Podéis preguntar a _____. No tiene que ser una persona de vuestro grupo.
5. _____ día de la semana es bueno para hacer la presentación.
6. _____ de vosotros tiene que hablar durante un minuto.
7. Podéis entregar el proyecto a _____ hora del día.
8. El proceso de aprender un idioma es individual. _____ tiene su propia forma de estudiar y de aprender.

17 Escribe un pequeño diálogo con un ejemplo de empatía.

_____
_____
_____

18 Completa estas frases como en el ejemplo.

1. A un alumno visual le gusta leer.
   Un alumno visual prefiere *leer a escuchar*.
2. A un alumno auditivo le gusta _____.
   Un alumno auditivo prefiere _____ a _____.
3. A un alumno táctil / quinestésico le gusta _____.
   Un alumno táctil / quinestésico prefiere _____ a _____.

19 Completa esta tabla.

sustantivo	verbo	participio / adjetivo
		atendido
la interpretación		
	informar	
el aprendizaje		
		utilizado
		desarrollado
la percepción		
	seleccionar	
		concentrado
usar		

20 Transforma las frases utilizando el sustantivo derivado, como en el ejemplo.

1. **Aprender** es diferente para cada persona.
   El aprendizaje es diferente para cada persona.
2. **Atender** es la base de todo aprendizaje.
   _____
3. Para aprender es necesario **concentrarse**.
   _____
4. Para hacer un buen trabajo es importante **seleccionar** la información.
   _____
5. Para aprender es necesario **desarrollar** estrategias.
   _____
6. Es conveniente **utilizar** un diccionario y una gramática para hacer los deberes.
   _____
7. Cuando se aprende, es normal **olvidar** palabras o estructuras.
   _____
8. **Percibir** todos los matices de la lengua es difícil.
   _____
9. Es normal **interpretar** los textos de una forma personal.
   _____
10. **Asociar** unos conocimientos con otros ayuda al aprendizaje.
    _____

Más léxico

1 Diversidad

21 ¿A qué personas se refieren las frases? Señálalo en el cuadro. Hay más de una posibilidad.

	1	2	3	4
1 Tiene el pelo largo y rizado.				
2 Lleva barba y bigote.				
3 Es alto/-a.				
4 Lleva gafas.				
5 Es muy delgado/-a.				
6 Es un poco gordo/-a.				
7 Lleva un tatuaje.				
8 Tiene el pelo blanco.				

22 ¿Cómo podemos describir a una persona? Añade cuatro palabras en cada grupo.

aspecto	Es... alto/-a
pelo	Tiene el pelo... rizado
ojos	Tiene los ojos... azules
rasgos especiales	Lleva... barba
profesión	Es... profesor(a)

23 ¿Masculino o femenino? Escribe el artículo *el* o *la*.

1 _____ nacionalidad   7 _____ viaje
2 _____ sistema   8 _____ problema
3 _____ cultura   9 _____ diversidad
4 _____ información   10 _____ personaje
5 _____ desarrollo   11 _____ asociación
6 _____ utilización   12 _____ actividad

24 Ordena de más a menos frecuente.

casi nunca   siempre   normalmente
casi siempre   nunca   a veces

+ 1 _____
  2 _____
  3 _____
  4 _____
  5 _____
− 6 _____

25 Relaciona las siguientes palabras.

1 oír   a el día
2 ir   b en autobús
3 llevar   c la televisión
4 empezar   d el despertador
5 mantenerse   e una dieta equilibrada
6 cuidar   f informado/-a
7 mejorar   g las relaciones
8 ver   h la calidad de vida

26 Escribe una lista de cuáles son tus malos hábitos. Después, compárala con tu compañero.

Yo normalmente duermo muy pocas horas.

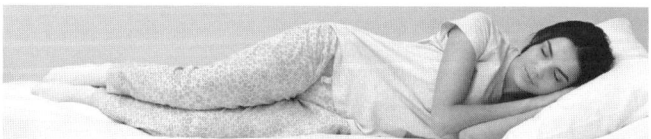

27 ¿Sabes cuáles son los cinco sentidos? Completa el cuadro con las palabras que faltan.

verbo	sentido	parte del cuerpo
ver		los ojos
	el oído	los oídos
saborear	el gusto	
tocar		las manos
oler	el olfato	

Videoblog

1   Diversidad

¿ERES ALONDRA, BÚHO O COLIBRÍ?

1 Mira el vídeo y completa la tabla con la descripción de los personajes que aparecen.

	aspecto	ojos	pelo	piel	ropa	rasgos especiales
Jaime						
Sara						
Martina						

2 A Relaciona las siguientes fotos con el animal que corresponde.

búho   alondra   colibrí

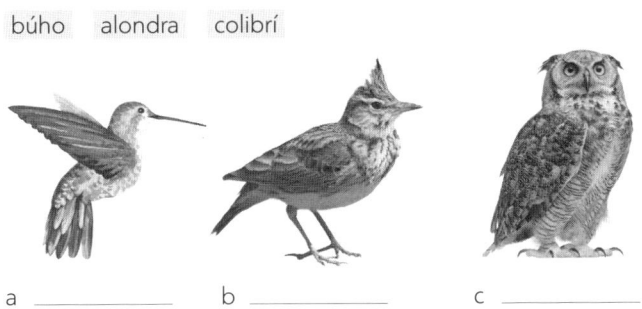

a _____   b _____   c _____

B Señala con una X las características que crees que corresponden a cada animal.

		búho	alondra	colibrí
1	Empieza su actividad con la primera luz del día.			
2	Es un ave nocturna.			
3	Su actividad la realiza a lo largo del día.			

3 A Lee los siguientes hábitos y señala con una X a quién crees que corresponde cada uno de los personajes del vídeo.

		Sara	Martina	Jaime
1	Se acuesta tarde.			
2	Necesita dormir ocho horas.			
3	Se despierta temprano.			
4	No se despierta temprano ni se va a dormir tarde.			
5	Duerme siempre una siesta.			
6	Es una persona muy ordenada para todo.			
7	Le gusta improvisar.			
8	No le gusta improvisar.			
9	Va andando a la universidad.			
10	Se ducha por la tarde.			
11	Prefiere ducharse por la mañana.			
12	Se ducha antes de acostarse.			
13	Estudia durante el día.			

B Escribe al lado de cada personaje el animal con el que crees que se identifica. Después, mira el vídeo y comprueba tus hipótesis del apartado A.

1 Jaime: _____   2 Sara: _____   3 Martina: _____

4 Con tu compañero escribe otros hábitos que crees que tiene una persona alondra, búho o colibrí.

Yo creo que a una persona búho le encantan las discotecas y salir de fiesta...

5 En parejas, preparad un cuestionario para el resto de la clase y decidid cuántas alondras, colibrís y búhos hay.

¿Cuántas horas duermes normalmente?
¿Estudias por la mañana, por la noche o te da igual?

once **11**

Evaluación — 1 Diversidad

Lengua y comunicación

1 Álvaro es un poco gordo, pero su hermano es todo lo contrario, ___.
a) ☐ es muy delgado
b) ☐ es muy alto
c) ☐ es muy feo

2 Sus ojos son verdes y tiene las ___ muy largas.
a) ☐ pies
b) ☐ pestañas
c) ☐ gafas

3 Lo contrario de feo es ___.
a) ☐ moreno
b) ☐ rizado
c) ☐ guapo

4 Ángel es *guapísimo* significa que es ___.
a) ☐ un poco guapo
b) ☐ bastante guapo
c) ☐ muy guapo

5 En la puerta hay ___ hombre. No sé quién es.
a) ☐ el
b) ☐ Ø
c) ☐ un

6 • ¿Cuál es tu opinión sobre el color?
a) ☐ ■ Debo pintarlo de amarillo.
b) ☐ ■ Creo que es mejor pintarlo de color amarillo.
c) ☐ ■ Sé pintarlo en amarillo.

7 *Prefiero el café al té* significa: ___.
a) ☐ Me gusta más el café
b) ☐ Me gusta más el té
c) ☐ No me gusta ni el café ni el té

8 Lo contrario de *acostarse* es ___.
a) ☐ vestirse
b) ☐ levantarse
c) ☐ sentarse

9 Vuestras clases ___ a las nueve y terminan a las cuatro, ¿no?
a) ☐ empiezan
b) ☐ empezáis
c) ☐ empiezas

10 A todos mis compañeros ___ escuchar canciones en clase.
a) ☐ les gusta
b) ☐ les gustan
c) ☐ nos gusta

11 A mi amiga ___ gustan mucho los cómics.
a) ☐ le
b) ☐ les
c) ☐ se

12 Mi madre ___ levanta muy temprano.
a) ☐ se
b) ☐ Ø
c) ☐ ella

13 A mí ___ gusta es jugar al baloncesto.
a) ☐ me
b) ☐ lo que más
c) ☐ lo que más me

14 Desayuno antes de ___.
a) ☐ duchar
b) ☐ ducharme
c) ☐ ducho

15 Se aprende a ___ edad.
a) ☐ cada una
b) ☐ cualquiera
c) ☐ cualquier

16 Debéis responder a ___ preguntas.
a) ☐ todas las
b) ☐ todas
c) ☐ cada

17 ___ persona percibe la información de una forma diferente.
a) ☐ Cada
b) ☐ Cualquiera
c) ☐ Cada una

18 Decir *diversidad* es igual que decir ___.
a) ☐ variedad
b) ☐ uniformidad
c) ☐ clasificación

19 Tiene muy buena memoria. No ___ casi nada.
a) ☐ percibe
b) ☐ olvida
c) ☐ recuerda

20 Yo me ___ fácilmente cuando estudio y escucho música.
a) ☐ desconcentro
b) ☐ recuerdo
c) ☐ asocio

Total: ___ / 10 puntos

Evaluación

1 Diversidad

Destrezas

1. COMPRENSIÓN DE LECTURA

1 Lee este texto y decide de qué tipo es.
(___ / 1 punto)

a ☐ un folleto
b ☐ un artículo sobre literatura
c ☐ una reseña sobre una obra literaria
d ☐ una biografía

2 Completa el primer párrafo con estas palabras.
(___ / 2 puntos)

sin embargo   excepto   hasta   también

3 Lee el segundo párrafo y busca las palabras o expresiones que significan: (___ / 2 puntos)

a muy grande _____
b irse a otra ciudad _____
c alternar _____
d unida _____

4 Vuelve a leer el texto y contesta a las preguntas. Utiliza palabras del texto. (___ / 4 puntos)

a ¿Cuándo se dio cuenta Sandra Cisneros de que era diferente?
b ¿Qué decidió hacer al no poder expresarse bien?
c ¿Qué ventajas tiene escribir en inglés para estos escritores?
d ¿Cuál es el tema que aparece con más frecuencia en las obras de las escritoras estadounidenses con raíces hispanas?

5 ¿Qué significa *otra* en la penúltima línea del primer párrafo? (___ / 1 punto)

_____
_____

Escritoras hispanas en Estados Unidos
Sara M. Sanz

[1] Según Sandra Cisneros, nacida en 1954 en Chicago en el seno de una familia mexicana americana, no se dio cuenta de que era diferente (1) _____ que se marchó de casa para hacer estudios de posgrado en la universidad en Iowa City. «Yo suponía —escribe— que el mundo era como Chicago, compuesto de gente de muchas culturas que conviven —aunque a veces no felizmente—, pero, (2) _____, que coexisten. En Iowa, de pronto me di cuenta de que yo era extraña cuando hablaba, como si yo fuera extranjera. Pero este era mi país (3) _____. No podía expresar lo que me pasaba, (4) _____ que sabía que me avergonzaba cuando hablaba en clase, así que elegí no hablar». Para Cisneros, según su propia confesión, este momento en que se dio cuenta de que era «otra» marcó el principio de su conciencia política.
[...]

[2] Hay cada vez más escritoras en Estados Unidos que escriben y publican en inglés, aunque su lengua materna, o la lengua predominante de su familia, sea el español. Gracias a que publican en inglés, llegan a un amplísimo público norteamericano y sus obras se van incorporando a las universidades, generalmente en departamentos de inglés. A veces, nacieron en EE. UU., en familias hispanohablantes, como la mencionada Sandra Cisneros, pero en otros casos, como los de Cristina García, de origen cubano, y Julia Álvarez, dominicana, sus padres se trasladaron a EE. UU. siendo ellas muy pequeñas, por lo que también se criaron y se educaron en ese país. A pesar de su adaptación al mundo estadounidense, uno de los temas que surge una y otra vez en sus obras es la búsqueda de la identidad. El hecho de que muchos de sus personajes se muevan constantemente entre el inglés y el español implica que esa identidad, forzosamente, va ligada a una reflexión profunda, no solo sobre lo que separa o une sus dos culturas, sino sobre el papel de esas dos lenguas, el inglés y el español.

Extraído de: www.cvc.cervantes.es

Total: ___ / 10 puntos

Evaluación — 1 Diversidad

2. EXPRESIÓN ESCRITA

(Escribe al menos 200 palabras)

Estás buscando un compañero de piso y se presentan muchos candidatos. Quieres saber cuáles son sus costumbres para ver qué persona es la más adecuada. Prepara un cuestionario para los candidatos que te escriben.

Incluye:
- preguntas para saber sus datos personales: nombre, nacionalidad, etc.)
- preguntas sobre sus hábitos en el piso durante la semana
- preguntas sobre sus hábitos en el piso los fines de semana
- otro tipo de preguntas para finalizar

▶ EVALUACIÓN DE TU PRODUCCIÓN ESCRITA

- **Lengua** (____ / 4 puntos)
- Léxico: los hábitos
- Gramática: el presente de indicativo y la concordancia entre el artículo, el adjetivo y el sustantivo

- **Contenido** (____ / 4 puntos)
- Las preguntas sobre información personal
- Las preguntas sobre los hábitos durante la semana
- Las preguntas sobre los hábitos de los fines de semana
- Las preguntas finales

- **Formato: cuestionario** (____ / 2 puntos)
- ¿Has dividido las preguntas según el tema?
- ¿Hay preguntas abiertas o de elección múltiple?

Total: ____ / 10 puntos

3. EXPRESIÓN ORAL Y COMPRENSIÓN AUDITIVA (interacción)

(Mínimo, un minuto cada uno)

Imagina que tu compañero ha crecido en un ambiente multicultural. Preparad una entrevista sobre la identidad cultural. Te ofrecemos algunos datos para ayudarte:

- una o muchas lenguas
- una mente más o menos abierta
- una o varias religiones
- costumbres diferentes
- más o menos tolerancia
- diversidad de comida
- diversidad de música

Incluye:
- una definición de identidad
- lo que tiene de positivo un ambiente multicultural
- lo que tiene de negativo un ambiente multicultural
- la actitud que muestra esa persona ante la convivencia con varias culturas

▶ EVALUACIÓN DE TU PRODUCCIÓN Y DE LA COMPRENSIÓN DE TU COMPAÑERO

- **Lengua** (____ / 4 puntos)
- Léxico: sobre orígenes, identidad, hábitos
- Gramática: presente de indicativo y la concordancia entre el artículo, el adjetivo y el sustantivo, y lenguaje de opinión

- **Contenido** (____ / 4 puntos)
- Definición de identidad
- Características positivas
- Características negativas
- Explicación de su actitud

- **Expresión** (____ / 2 puntos)
- Hablas con fluidez
- Tienes una buena pronunciación y entonación

- **Interacción** (____ / 10 puntos)
- Comprendes lo que dice tu compañero
- Respondes de forma coherente a lo que dice tu compañero

Total: ____ / 20 puntos

Total: ____ / 50 puntos

Mi progreso

Valora tu progreso después de esta unidad.

Mis habilidades			
- Describir a una persona			
- Mostrar preferencia			
- Dar una opinión			
- Hablar sobre hábitos			

Mis conocimientos			
- Aspecto físico, hábitos			
- Verbos irregulares en presente			
- Lenguaje de opinión			
- El ritmo en la pronunciación			
- La empatía			
- La entrevista			

Soy más consciente			
- De la diversidad de las personas			
- De los diferentes hábitos de las personas			
- De las distintas formas de aprender			

 Bien    Adecuado   Mal

TRADICIÓN 2

VINTAGE

1 Completa la siguiente tabla.

	yo	tú	él, ella, usted	nosotros/-as	vosotros/-as	ellos, ellas, ustedes
estar + promover		estás promoviendo				
seguir + influir	sigo influyendo			seguimos influyendo		
llevar + distribuir			lleva distribuyendo		lleváis distribuyendo	
volver a + vender	vuelvo a vender					vuelven a vender
dejar de + comprar		dejas de comprar		dejamos de comprar		
empezar a + ver		empiezas a ver			empezáis a ver	
estar a punto de + partir			está a punto de partir			están a punto de partir

2 Relaciona las dos columnas.

1. Esta tienda está a punto
2. Los muebles clásicos vuelven
3. Todo lo *vintage* está
4. Nuestro bar va a dejar
5. Por tercer mes consecutivo las ventas *online* vuelven
6. Mi prima está
7. En Madrid se empieza
8. Esta revista lleva

a. a estar de moda.
b. de ofrecer tapas tradicionales; a partir de enero vamos a tener tapas muy originales.
c. mucho tiempo apoyando causas sociales.
d. ahorrando para comprarse un vestido de Valentino.
e. de convertirse en un referente de ropa *vintage*.
f. a ver tiendas de segunda mano por muchos sitios.
g. influenciando el mercado actual.
h. a aumentar, en especial las relacionadas con viajes.

3 Completa las frases con las siguientes palabras.

`desde que` `desde` `hace` `desde hace` `hace que`

1. _____ cinco años que vivo en Madrid.
2. Estudio español _____ seis meses.
3. ¿Cuánto tiempo _____ no nos vemos?
4. _____ sales con Gustavo, eres otra persona.
5. Este restaurante está abierto _____ 1990.

4 Completa estas frases con información sobre ti.

1. Vivo en _____ desde _____.
2. Estudio español desde hace _____.
3. Hace _____ que practico mi deporte favorito.
4. Estudio en este centro desde _____.

5 Escribe cuatro palabras que aparecen en la unidad con cada una de estas consonantes dobles: *cc*, *ll* y *rr*.

cc	ll	rr

quince **15**

2 Tradición

6 Lee el título del blog y mira la foto. ¿De qué material es el palé? ¿Te gusta el árbol? Coméntalo con tu compañero.

La Navidad más *eco* chic: decoración con palés

Kat Ibáñez, *Creativa Vintage*.
Entre Barcelona y el Ampurdán

Las tendencias para esta Navidad están (1) _____ (ser) claras.
Los protagonistas dejan de (2) _____ (ser) los colores.
Los protagonistas (3) _____ (ser) los materiales.
Y además reciclados, con espíritu *eco* chic y *vintage*, ¡por supuesto!
Con maderas de palé se comienzan a (4) _____ (crear) árboles de Navidad únicos y de calidez inigualable…
Los colores y decoraciones en maderas de palé llevan (5) _____ (influir) en el mercado *vintage* desde ya hace tiempo, pero estas (6) _____ (considerarse) creaciones tan originales que (7) _____ (tener) que mencionarse. Estos árboles de Navidad (8) _____ (realizarse) a partir de maderas recuperadas, (9) _____ (transmitir) mucha fuerza decorativa, sin artificios, pero siguen (10) _____ (destacar) el espíritu festivo de estas fechas.

7 Ahora lee el blog y rellena los espacios con los verbos entre paréntesis. Debes utilizar las perífrasis verbales con gerundio e infinitivo y el presente.

8 Elige una foto y describe de forma breve una de las siguientes piezas *vintage*.

Es una bicicleta que tiene dos canastos…
_____
_____
_____

ESTEREOTIPOS

9 Completa las frases con *se* y el verbo correspondiente.

1. En una ciudad grande *se vive* (vivir) bien, pero a veces hay demasiado ruido.
2. _____ (Considerar) que los prejuicios provienen de tener una mente cerrada.
3. En esta tienda _____ (vender) ropa *vintage*.
4. _____ (Buscar) muebles *vintage* de los años 40 o 50.
5. _____ (Creer) que solo el 25 % de las mujeres acceden a disciplinas como ingeniería.
6. Las piezas *vintage* _____ (examinar) cuidadosamente antes de ser vendidas.

10 Completa las frases sobre tu clase con un sustantivo o un verbo, según corresponda.

1. La mayoría *de los estudiantes de la clase somos ingleses*.
2. Algunos somos _____
3. Casi nadie es _____
4. Hay demasiados/-as _____
5. Hay bastante(s) _____
6. Hay muchos/-as _____
7. Todo el mundo _____
8. Pocos _____
9. Nadie es _____

11 Ahora utiliza los cuantificadores del ejercicio anterior y escribe un párrafo sobre tu ciudad o tu país.

Tradición 2

12 Lee un fragmento de un informe sobre los estereotipos más aceptados en la adolescencia y completa los espacios con los siguientes cuantificadores.

la mayoría   muchas   bastante   ~~algunos~~   muchos
casi todos   todo el mundo

Estereotipos y adolescentes

1. Estos son *algunos* de los estereotipos más asumidos entre los jóvenes, tanto por ellos como por ellas:

2. _____ de las chicas son sensibles, tiernas, responsables, trabajadoras y se preocupan por su imagen. _____ los chicos son dinámicos, activos, autónomos, emprendedores, posesivos y superficiales.

3. _____ chicas son más capaces de comprender a los demás, de dar cariño y de reflexionar, además de ser más espirituales. _____ de los chicos son mejores para el deporte, más decididos, más hábiles con la tecnología y más capaces de enfrentar problemas.

4. Los adolescentes consideran que las relaciones entre chicas son _____ conflictivas. La amistad entre chicos es más sincera y leal.

5. _____ piensa que la fidelidad es lo más importante en la pareja.

Extraído de: www.elmundo.es

13 ¿Cómo autogestionas tu tiempo? Relaciona las dos columnas.

1. Definir las actividades. ☐
2. Jerarquizar esas actividades. ☐
3. Delimitar el tiempo de cada actividad. ☐
4. Organizar un horario. ☐

a. Confecciona un calendario semanal.
b. Prioriza las actividades según su importancia.
c. Debes ser realista con respecto a cuánto tiempo lleva cada actividad y calcular bien el tiempo.
d. Haz una lista de las actividades indispensables.

14 Este es tu calendario de esta semana. Complétalo con tus actividades para autogestionar tu tiempo con eficacia.

ACTIVIDADES

Lunes

Martes

Miércoles

Jueves

Viernes

15 🎧 2 Escucha a un director de Recursos Humanos hablando de los estereotipos de género que existen en los procesos de selección de un trabajo y señala si las afirmaciones son verdaderas (V) o falsas (F).

1. ☐ Una de las creencias es que las mujeres hacen los trabajos rutinarios mejor que los hombres.
2. ☐ Otra creencia es que las mujeres son más autoritarias dirigiendo equipos de trabajo.
3. ☐ Un estereotipo es que las mujeres nunca faltan al trabajo.
4. ☐ Otro estereotipo es que las mujeres tienen miedo de tener trabajos con poder.
5. ☐ Otra presunción es que las mujeres se concentran mejor en el trabajo si son madres.

diecisiete **17**

2 Tradición

16 ¿A qué frases corresponden cada una de estas imágenes? Escribe la letra correspondiente a cada frase. Hay varias opciones.

1 ☐ Los estereotipos de nacionalidades siguen inundando nuestra realidad.
2 ☐ Los estereotipos de género demuestran discriminación de la mujer en muchos casos.
3 ☐ En muchos anuncios publicitarios de productos de limpieza, la mujer es el objetivo claro.

17 Lee la definición de la discriminación étnico-racial del blog del Ministerio de Cultura de Perú y busca los sinónimos de las siguientes palabras. Están en orden.

1 procedencia: _____
2 ropa: _____
3 rasgos de la cara: _____
4 meta: _____
5 consecuencia: _____
6 eliminar: _____

Ministerio de Cultura Perú   INICIO | ENLACES | CONTACTO

¿Qué es la discriminación étnico-racial?

Discriminación étnico-racial es todo trato diferenciado, excluyente o restrictivo basado en el origen étnico-cultural (hábitos, costumbres, indumentaria, símbolos, formas de vida, sentido de pertenencia, idioma y creencias de un grupo social determinado) y/o en las características físicas de las personas (como color de la piel, facciones, estatura, color del cabello, etc.) que tiene como objetivo, o por resultado, anular el ejercicio de los derechos y libertades fundamentales de las personas en las esferas política, económica, social y cultural.

Extraído de: www.alertacontraelracismo.pe

COSTUMBRES Y CELEBRACIONES

18 Completa las siguientes definiciones.

~~la comida típica~~   la Nochevieja   conmemorar
el baile tradicional   la Semana Santa   la Janucá
las fiestas populares   el folclore

1 El alimento característico de un lugar: *la comida típica*
2 Los siete días de la Pascua: _____
3 La danza típica de un país, pueblo, etc.: _____
4 Las celebraciones de un lugar: _____
5 La noche del 31 de diciembre: _____
6 Festejar o celebrar una fecha: _____
7 La tradición, las costumbres de un pueblo: _____
8 Fiesta judía conocida como Fiesta de las Luces: _____

19 Sustituye las palabras subrayadas por un posesivo.

1 ¿Esta es nuestra tradición o la tradición de ellos?
_____
2 ¿Hacemos la fiesta en tu casa o en mi casa?
_____
3 Esta es nuestra comida típica, no es vuestra comida típica.
_____
4 Estas costumbres son de tu país, no son de mi país.
_____

20 🎧 3 Escucha un fragmento de un programa de radio sobre tradiciones en Cataluña y completa la ficha de la fiesta de Sant Jordi.

Fecha: _____
Lugar: _____
Tradición: _____

Tradición 2

21 Lee este folleto sobre Sant Jordi y coloca los títulos según corresponda.

1. Orígenes
2. Cataluña y el 23 de abril
3. Rosas y libros para todos

Sant Jordi

A _____

Se trata de una fiesta de marcado carácter popular que reúne cultura y romanticismo. Ese día, el 23 de abril, la costumbre es que las parejas se intercambien rosas y libros. Así, todos los pueblos y ciudades de Cataluña se convierten durante esta jornada en una enorme librería-floristería al aire libre y en un día para disfrutar de las novedades editoriales.

B _____

Las calles se llenan de gente que pasea entre puestos de libros y rosas buscando un obsequio no solo para la persona amada, sino también para la familia o los amigos. Por todas las ciudades y pueblos se pueden encontrar tenderetes con los últimos libros del mercado, ver a autores consagrados firmando ejemplares y, por supuesto, oler el aroma de las rosas.

C _____

El origen de esta curiosa fiesta es una mezcla de tradiciones de distintas épocas. Sin embargo, coincide, por un lado, el hecho de que Sant Jordi es desde el siglo XV el patrón de Cataluña; y por otro, la famosa leyenda de San Jorge y el dragón. Además de la antigua costumbre medieval de visitar la capilla de Sant Jordi del Palacio de la Generalitat, donde se solía realizar una feria de rosas o «de los enamorados». Por esta razón, Sant Jordi también es conocido en Cataluña como el patrón de los enamorados.

Extraído de: www.spain.info

22 ¿Se festeja el día de los enamorados en tu país? ¿Hay alguna tradición curiosa en tu cultura / país? Elige una tradición y descríbela en tu cuaderno.

23 Lee tres sinopsis de cortometrajes y relaciónalas con las fotos.

1 LA ONCE (Chile) ☐
Desde hace sesenta años, cinco mujeres ya ancianas siguen la tradición de juntarse a tomar el té (la tradición de la once*) una vez al mes. Aunque todas se han educado en un colegio religioso, les toca vivir un periodo de cambios históricos radicales que provocan diferencias entre ellas. Sin embargo, a pesar de tener vidas y personalidades muy distintas, pasan los días, meses y años hasta que se preguntan: ¿han notado que se ha reducido el grupo un poquito?

*La once es la hora del té en Chile.

2 LA REINA (Argentina) ☐
Memi, una niña preadolescente, gana un concurso de belleza. Su madre, orgullosa, está obsesionada por hacerla desfilar en el carnaval tradicional argentino. Al principio le tienen que sacar la corona porque no soporta el peso, pero después ya no quiere que se la saquen más porque se ve preciosa.

3 AISLADOS (Colombia, Ecuador y México) ☐
540 personas habitan una isla del tamaño de una manzana, la isla artificial más densamente poblada del Caribe colombiano. Allí no hay policías ni curas ni conflicto armado. Hay 97 casas en las que viven 18 familias unidas por una misma cultura y tradición. En este espacio sin posibilidad de soledad, la falta de agua potable, el exceso de basura y la sobrepoblación nos hacen reflexionar sobre el papel del hombre con su entorno, convirtiendo esta isla en una metáfora del mundo.

24 Vuelve a leer las tres sinopsis y contesta a las preguntas.

1. ¿Quiénes son los protagonistas en las tres?
2. ¿Qué tradición nos muestra cada una?
3. ¿Los cortometrajes reflejan tradiciones de los lugares donde se han filmado?

25 Escribe la sinopsis de un documental o un cortometraje que has visto.

diecinueve 19

Más léxico

2 Tradición

26 Completa las listas con cinco palabras más en cada categoría. Después compara tu lista con la de tu compañero y amplía tu lista.

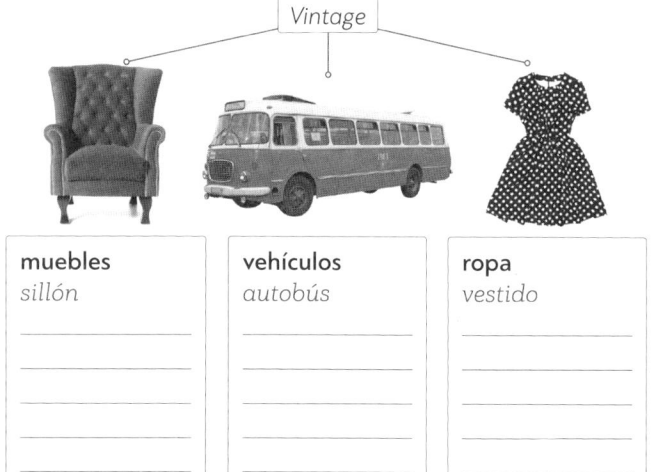

Vintage

muebles	vehículos	ropa
sillón	autobús	vestido
_____	_____	_____
_____	_____	_____
_____	_____	_____
_____	_____	_____
_____	_____	_____

27 ¿A qué estereotipo corresponde estas frases?

Estereotipo racial   Estereotipo de género
Estereotipo social   Estereotipo cultural

1 Las niñas juegan con muñecas y los niños juegan al fútbol.
  _____
2 Los negros son los mejores deportistas.
  _____
3 Todos los argentinos bailan el tango.
  _____
4 Los empresarios no se preocupan de sus trabajadores.
  _____

28 ¿Conoces estas celebraciones? Relaciona.

1 Semana   a Santa
2 Los Reyes   b Jordi
3 El Día de   c Magos
4 Sant   d México
5 El Inty   e Muertos
6 La Independencia de f Raymi
7 La primera   g los 15 años
8 La fiesta de   h comunión

29 ¿A qué religiones corresponden estas fiestas?

budismo   cristianismo   islam   judaísmo   hinduismo

1 Ramadán: _____
2 Navidad: _____
3 Janucá: _____
4 Vesak: _____
5 Diwali: _____

30 Completa la información sobre estas fiestas religiosas con las siguientes palabras.

India   celebrar   cristianismo   tradiciones   Israel   islam
costumbre   templos   religión   musulmanes   budismo
Jesús   diosa   hindú   fiesta

Es un periodo de ayuno de un mes que se (1) _____ en los países (2) _____. Los adultos sanos no pueden comer ni beber durante el día, pero cuando se pone el sol se reúnen para la comida nocturna con la que se rompe el ayuno, uno de los cinco pilares del (3) _____.

Es la fiesta más importante del (4) _____ y celebra el nacimiento de (5) _____ de Nazaret. No solo lo celebran los religiosos ya que en todo el mundo, en general, las personas se reúnen con amigos y la familia a festejar esa fecha, cada uno respetando sus distintas (6) _____.

Es una de las festividades más importantes de la (7) _____ judía y se celebra en diciembre. Dura ocho días y conmemora la independencia de (8) _____ de los griegos. La principal (9) _____ es la de encender, de forma progresiva, un candelabro de nueve brazos llamado januquiá.

Es la celebración más destacada del (10) _____, en la que se recuerda a Siddhartha Gautama, el Buda. Ese día los budistas van a los (11) _____ y hacen ofrendas. En todos los países de Asia con fuerte presencia budista suele ser (12) _____ vacacional.

Es una fiesta que tiene lugar en la (13) _____ entre octubre y noviembre y en la que se adora a Lakshmi, la (14) _____ de la riqueza y la belleza. Durante cinco días se encienden lámparas y velas, y se realizan oraciones para pedir prosperidad. Después de los fuegos artificiales comienzan las fiestas familiares, en las que se reparten regalos y se comen dulces populares. Diwali marca el comienzo del año nuevo (15) _____.

20 veinte

Videoblog

2 Tradición

ESTEREOTIPOS

1 ¿Qué está bebiendo Martina? ¿Cómo se elabora esta bebida? Coméntalo con tu compañero.

2 A Relaciona cada tradición de la columna de la izquierda con su definición en la columna de la derecha.

1 El ratón Pérez	a Es un recipiente de barro o de cartón que se llena de caramelos y regalos que los niños tienen que romper con un palo en los cumpleaños.
2 Comer arepas	
3 La fiesta de los 15 años	b Es un pequeño descanso para dormir después de la comida.
4 La siesta	c En España entregan los regalos el 6 de enero a los niños.
5 Cantar rancheras	d Son canciones mexicanas que cantan los mariachis.
6 La piñata	e Es un ratón que trae regalos a los niños cuando se les caen los dientes.
7 Los Reyes Magos	f Música y baile típico de la República Dominicana.
8 Bailar bachata	g Es una comida hecha con harina de maíz típica de Venezuela, Colombia y Panamá.
	h Cuando una chica cumple 15 años se celebra una gran fiesta.

B ¿Qué otras tradiciones conoces de la cultura hispana? Coméntalas con tu compañero.

3 Mira el vídeo y di si son verdaderas (V) o falsas (F) las siguientes afirmaciones.

		V	F
Martina	1 Toma mate todos los días.		
	2 Baila tango muy bien.		
	3 Es aficionada al fútbol.		
	4 Le gusta comer asado en las fiestas.		
Sara	5 Le gusta el mate.		
	6 No le gusta el flamenco.		
	7 No le gustan nada las corridas de toros.		
Jaime	8 No le gusta el mate.		
	9 Le encanta el flamenco.		
	10 No come paella.		

4 A Mira el vídeo y completa el texto con las palabras que faltan.

La verdad es que algunas (1) _____ se convierten en (2) _____ de un país. Todo el mundo las conoce, pero hay mucha gente que no las practica. A veces, se convierten en (3) _____ para los extranjeros, para los (4) _____. ¿Están de acuerdo? Y ustedes, ¿qué opinan?

B Comenta con tus compañeros si estáis o no de acuerdo con lo que comenta Martina en el texto del apartado A.

Yo estoy de acuerdo con Martina, además creo que los estereotipos pueden ser malos para la imagen de un país porque...

5 Con tu compañero, elabora una lista de tradiciones del país en el que vives. Después tenéis que preguntar al resto de la clase para conocer qué compañeros siguen las tradiciones de vuestra lista.

veintiuno **21**

Evaluación

2 Tradición

Lengua y comunicación

1 El *vintage* está ___ en muchos ámbitos del mercado actual.
a) ☐ influye
b) ☐ influyendo
c) ☐ influido

2 ___ tiendas ofrecen diseños *vintage* en la actualidad.
a) ☐ La mayoría
b) ☐ Muchas
c) ☐ Un poco de

3 Hoy me han dado las notas y ___ a suspender el examen.
a) ☐ he vuelto
b) ☐ he dejado
c) ☐ he empezado

4 Los estereotipos ___ surgen de la idea que tenemos de cómo deben comportarse los hombres y las mujeres.
a) ☐ raciales
b) ☐ culturales
c) ☐ de género

5 El *vintage* vuelve a ___ la ropa de grandes diseñadores.
a) ☐ redescubriendo
b) ☐ redescubrir
c) ☐ redescubierto

6 Se ___ que ___ es capaz de gestionar bien el tiempo si se lo propone y se organiza.
a) ☐ creemos / algunos
b) ☐ cree / todo el mundo
c) ☐ creen / mayoría de la gente

7 Todavía existen ___ prejuicios contra las mujeres que estudian disciplinas como ingeniería o tecnología.
a) ☐ bastantes
b) ☐ pocas
c) ☐ mucho

8 La moda *vintage* empieza ___ presencia en muchos países latinoamericanos.
a) ☐ teniendo
b) ☐ a tener
c) ☐ tener

9 Estudio español ___ tres años y ¡me encanta!
a) ☐ desde
b) ☐ hace que
c) ☐ desde hace

10 No puedo pensar en otra cosa ___ me contó su problema.
a) ☐ desde que
b) ☐ hace que
c) ☐ desde

11 Esta celebración tiene un carácter ___, no religioso.
a) ☐ satírica
b) ☐ multiculturales
c) ☐ pagano

12 ¿Cuánto ___ no vas a casa en Navidades?
a) ☐ hace que
b) ☐ desde
c) ☐ hace

13 ___ camisetas *vintage* en la feria de antigüedades.
a) ☐ Se vende
b) ☐ Se venden
c) ☐ Se vendan

14 ___ estereotipos son producto de la ignorancia de la gente.
a) ☐ Mucho
b) ☐ Ninguno
c) ☐ Algunos

15 ___ gente ha ___ utilizar el término *antiguo* cuando se refiere a los muebles y los llama *vintage*.
a) ☐ La mayoría / dejado
b) ☐ Mucha / dejado de
c) ☐ Alguna / dejando de

16 Este es un breve avance de la película. Es lo que se denomina ___.
a) ☐ guion
b) ☐ crítica
c) ☐ sinopsis

17 La tendencia del diseño *vintage* ___ predominando en España desde principios del 2000.
a) ☐ lleva
b) ☐ vuelve
c) ☐ empieza

18 Las ___ populares son una parte muy importante de la tradición de un país.
a) ☐ bailes
b) ☐ fiestas
c) ☐ hábitos

19 ___ que los estereotipos negativos afectan a la comunicación intercultural.
a) ☐ Se creen
b) ☐ Se cree
c) ☐ Se crean

20 La tradición ___ de generación en generación.
a) ☐ transmite
b) ☐ se transmite
c) ☐ transmitieron

Total: ___ / 10 puntos

Evaluación

2 Tradición

Destrezas

1. COMPRENSIÓN DE LECTURA

1 Lee un fragmento de un blog sobre el *vintage* y elige el título que crees que resume mejor el texto. (___ / 1 punto)

1. ☐ Qué es el *vintage*
2. ☐ Invasión *vintage*
3. ☐ La ropa *vintage*
4. ☐ Los muebles *vintage*
5. ☐ Cómo nació el *vintage*

2 Lee el fragmento otra vez y complétalo con las palabras que faltan. Hay nueve espacios y diez opciones. (___ / 9 puntos)

a la ropa
b comenzó a
c el menú
d por la mayoría de la gente
e está ofreciendo
f desde
g muebles antiguos
h grandes diseñadores
i el *vintage*
j Vespa *vintage*

Mario Pérez

Al menos, en la moda, al *vintage* se le puede etiquetar como un estilismo que se centra en piezas de la más alta costura hechas por (1) _____, la mayoría muertos, que son elevados al estatus de héroes de la moda por sus seguidores. Cuanto más viejo, mejor. «El término se (2) _____ utilizar cuando las *celebrities* apostaron por el *vintage*. Julia Roberts y su Valentino de 1992 en la gala de los Óscar del 2001 marcó el inicio del auténtico interés del *vintage* como lo entendemos hoy», indica Ariadna Alcáñiz, periodista de Dolcecity Barcelona.
Hoy, (3) _____ ha traspasado las fronteras del universo de (4) _____. De forma justa o anecdótica, lo *vintage*, como los bío y los *light*, se ha convertido en una opción más. En el madrileño Museo del Traje, por ejemplo, no solo las prendas son *vintage*, también lo es la carta de su restaurante. Por unos 50 o 60 euros de media por persona, (5) _____ de esta institución con 86 años de historia le ofrece a sus cerca de 100 000 visitantes anuales tres nomenclaturas entre las que elegir: *trendy*, *cool* y *vintage*. Pero nada más, porque lo único *vintage* del menú es su nombre, «elegido (6) _____ por tener algo que ver con la moda y porque estamos en el Museo del Traje», comenta la responsable de cocina.
Y así, como una etiqueta, la palabra de moda cuelga cada vez de más sitios y hasta es posible planificar toda una jornada (o una vida) de ocio con ella. Por 65 euros al día uno puede recorrer Madrid en una (7) _____, pasar la tarde en una cafetería *vintage*, comprarse un póster, unos auriculares o una cámara *vintage* y hacer una parada en lo que antes era conocido como una tienda de (8) _____. Un hotel del sur de Inglaterra organiza fines de semana de *vintage fun* en los que se «revive el *glamour* de los años 20, 30, 40 y 50» (épocas predilectas de este estilismo) (9) _____ unos 340 euros por persona. «Es una forma de evadirse hacia un pasado idealizado en el que todo el mundo puede ser ingenioso y divino durante 48 horas», comenta su responsable, Tracy Mikich, que, quizá sin darse cuenta, regala una definición bastante fiel de lo que podría ser el *vintage*…

Extraído de: www.cultura.elpais.com

Total: ___ / 10 puntos

Evaluación   **2** Tradición

 ## 2. EXPRESIÓN ESCRITA

(Escribe al menos 250 palabras)

Eres el encargado de la sección de cine en el periódico de tu colegio. Escribe cuatro sinopsis de películas que recomiendas. Pueden ser películas actuales o clásicos del cine.

Incluye:
- el título de la película
- los protagonistas
- las acciones relevantes
- algún elemento motivador para atraer al lector.

▶ EVALUACIÓN DE TU PRODUCCIÓN ESCRITA

- **Lengua** (___ / 4 puntos)
- Léxico: relacionado con las películas, descripción de personajes
- Gramática: presente de indicativo

- **Contenido** (___ / 4 puntos))
- Título
- Protagonistas
- Acciones
- Elemento motivador

- **Formato: sinopsis** (___ / 2 puntos)
- ¿Has escrito un texto objetivo?
- ¿Has incluido las acciones más relevantes?

Total: ___ / 10 puntos

 ## 3. EXPRESIÓN ORAL Y COMPRENSIÓN AUDITIVA (interacción)

(Mínimo, un minuto cada uno)

Con un compañero, habla de una celebración tradicional o de una costumbre que conoces.

Incluye:
- qué celebración / costumbre es
- en qué fecha se celebra
- en qué consiste la celebración / costumbre
- si te gusta y por qué

▶ EVALUACIÓN DE TU PRODUCCIÓN Y DE LA COMPRENSIÓN DE TU COMPAÑERO

- **Lengua** (___ / 4 puntos)
- Léxico: relacionado con las celebraciones, tradiciones y costumbres
- Gramática: presente de indicativo

- **Contenido** (___ / 4 puntos)
- Qué celebración / costumbre es
- En qué fecha se celebra
- En qué consiste la celebración / costumbre
- Por qué te gusta o no

- **Expresión** (___ / 2 puntos)
- Hablas con fluidez
- Tienes una buena pronunciación y entonación

- **Interacción** (___ / 10 puntos)
- Comprendes lo que dice tu compañero
- Respondes de forma coherente a lo que dice tu compañero

Total: ___ / 20 puntos

Total: ___ / 50 puntos

Mi progreso

Valora tu progreso después de esta unidad.

Mis habilidades

- Escribir comentarios en Instagram
- Analizar la estructura y organización de un texto
- Interpretar diferentes costumbres y tradiciones
- Confeccionar un folleto

Mis conocimientos

- Léxico relacionado con el *vintage*, los estereotipos y las costumbres y celebraciones
- Perífrasis verbales y *se* sin sujeto agente
- Interpretar la importancia de las celebraciones, las costumbres y las tradiciones
- La gestión del tiempo
- La pronunciación y la ortografía de *cc*, *ll* y *rr*
- La sinopsis
- El cine argentino

Soy más consciente

- De las tradiciones en nuestra vida diaria
- De los estereotipos
- De las costumbres y tradiciones de otras culturas

 Bien    Adecuado   Mal

CAMBIO 3

TRANSFORMACIONES EN EL MERCADO LABORAL

1 En la clase de español hemos hecho muchas cosas hoy. Completa las frases con la forma verbal que falta.

`he` `has` `ha (x2)` `hemos (x2)` `habéis` `han`

1. (Tú) _____ hablado con el profesor.
2. Samanta y Ana _____ trabajado en parejas.
3. Nosotros _____ escuchado una canción.
4. La directora _____ venido a nuestra clase.
5. (Yo) _____ leído un artículo.
6. (Vosotros) _____ tenido cinco minutos de pausa.
7. Tom y yo _____ recibido las notas del último examen.
8. Isabel _____ consultado un diccionario.

2 ¿A qué infinitivos corresponden los siguientes participios? Escríbelos.

1. vuelto _____
2. visto _____
3. descubierto _____
4. hecho _____
5. abierto _____
6. dicho _____
7. puesto _____
8. escrito _____
9. muerto _____
10. roto _____

3 Completa las frases con los siguientes verbos en pretérito perfecto.

`haber` `provocar` `transformar` `aumentar` `ser` `cambiar`

1. Este año _____ el número de parados debido a la crisis.
2. Recientemente _____ muchos cambios en la asistencia sanitaria.
3. En los últimos años los cambios sociales en todo el mundo _____ muy profundos.
4. Las estructuras familiares _____ en la última década debido a la incorporación de la mujer al trabajo.
5. La crisis reciente _____ una disminución del consumo.
6. Las nuevas tecnologías _____ la manera de consumir.

4 Relaciona las frases de una manera lógica.

1. ☐ Ahora hay más parados
2. ☐ Hay más gente en edad de trabajar
3. ☐ El modelo tradicional de familia ha cambiado
4. ☐ Los hábitos de consumo son distintos
5. ☐ Los jóvenes están más preparados para el mercado laboral
6. ☐ Las empresas han incorporado las nuevas tecnologías

a. porque la mujer se ha incorporado al mercado laboral.
b. por ese motivo han cambiado los sistemas de producción.
c. debido a que han cerrado muchas empresas.
d. porque la educación es obligatoria hasta los 16 años.
e. por eso la población activa ha aumentado.
f. debido a que la gente ha cambiado su estilo de vida.

5 ¿Qué combinaciones son posibles con estos verbos?

`socio de un gimnasio` `la mortalidad` `loco` `el consumo`
`barba` `pesimista` `sociable` `el pelo largo` `bigote`
`el paro` `la crisis` `responsable` `budista`

1 **volverse**	
2 **hacerse**	
3 **dejarse**	
4 **aumentar / disminuir**	

3 Cambio

6 ¿Cuáles de los siguientes cambios crees que se han producido en los últimos años relacionados con el mercado laboral en tu país? Compara tus respuestas con las de tus compañeros.

Yo creo que lo sueldos no han aumentado, al contrario: han bajado.

1. En general, han aumentado los sueldos. ☐
2. Ha aumentado el número de parados. ☐
3. Ha crecido la natalidad. ☐
4. Muchas empresas se han trasladado a otros países. ☐
5. La gente consume menos y han bajado las ventas de productos. ☐
6. Los jóvenes no encuentran trabajo. ☐
7. La gente está mejor preparada académicamente. ☐
8. Las mujeres han mejorado sus condiciones de trabajo en los últimos años. ☐

7 🎧 4 Escucha los diálogos y marca la imagen que muestra la situación actual de cada persona.

1 PEDRO

A ☐ B ☐

2 LAURA

A ☐ B ☐

3 ALBERTO

A ☐ B ☐

8 ¿Cómo han cambiado las personas del ejercicio 7? Completa las frases con verbos que expresan cambio: *adelgazar / engordar, crecer, dejarse.*

1. Pedro _____.
2. Laura _____ mucho en dos años.
3. Alberto ahora _____ barba.

9 Escribe frases con una actividad que has hecho.

1. Este mes _____
2. Esta semana _____
3. Todavía no _____
4. Este curso _____
5. Este fin de semana _____
6. Últimamente _____
7. Hoy _____

EVOLUCIÓN DE LA EDUCACIÓN

10 ¿Cómo era la educación en el mundo en la antigüedad? Completa las frases con el pretérito imperfecto de los siguientes verbos.

| poder | estar | recibir | copiar | estudiar |
| haber | tener | ser | aprender | trabajar |

1. En la antigua Grecia solo _____ los niños. Las niñas casi no _____ salir de casa.
2. En el antiguo Egipto, para aprender a escribir, los niños _____ muchas veces textos clásicos.
3. En el Imperio romano no _____ una escuela pública y los niños _____ la educación en casa o en una escuela privada.
4. En la antigua India solo _____ acceso a la educación los miembros de las clases superiores.
5. En la antigua China la formación cultural _____ centrada en el estudio de la escritura y en las matemáticas.
6. En la educación de la Edad Media las asignaturas principales _____: Geometría, Aritmética, Astronomía y Música.
7. En Europa, a partir del siglo XVI, los alumnos _____ griego y latín para poder leer a los clásicos en su lengua original.
8. Hasta el siglo XX, en Europa, la mayoría de los niños _____ en lugar de estudiar.

Cambio 3

11 ¿Cómo eran las escuelas y la educación antes? Completa las frases.

1. Actualmente, en muchos países del mundo los niños estudian hasta los 16 años; antes _____ .
2. Antes _____ ; ahora escribimos en un ordenador.
3. Hoy en día, muchos niños estudian Bachillerato; antes _____ .
4. Ahora hay muchos colegios mixtos; antes _____ .
5. Ahora, en las escuelas se estudian lenguas modernas como el inglés, el francés o el español; antes _____ .
6. Ahora, en muchas carreras universitarias hay más mujeres que hombres; antes _____ .
7. Ahora muchos cursos se pueden hacer *online* y se puede estudiar desde casa; antes _____ .

12 ¿Sabes cómo era la educación en el antiguo Egipto? Lee el artículo y señala si las siguientes afirmaciones son verdaderas (V) o falsas (F).

1. ☐ Todos los niños tenían derecho a la educación.
2. ☐ Los niños solían formarse para realizar el trabajo del padre.
3. ☐ Los hijos de los escultores y los pintores tenían mejor educación que los hijos de los agricultores.
4. ☐ Las princesas solo aprendían a cantar y a bailar.
5. ☐ Los niños empezaban a ir a la escuela cuando tenían seis años.
6. ☐ En la educación elemental, los niños aprendían Astronomía.
7. ☐ En las escuelas de los escribas aprendían diferentes formas de escribir.
8. ☐ La educación era a base de memorización.

13 Escribe qué hacías normalmente a estas edades.

Cuando tenía tres años jugaba con mi hermana de cinco años.

1. Cuando tenía cuatro años _____
2. Cuando tenía seis años _____
3. Cuando tenía ocho años _____
4. Cuando tenía diez años _____
5. Cuando tenía doce años _____

¿CÓMO ERA LA EDUCACIÓN EN EL ANTIGUO EGIPTO?

¿Tienes curiosidad por saber cómo era la educación en una de las civilizaciones más apasionantes?

La educación en el antiguo Egipto poco tiene que ver con el sistema educativo de nuestra sociedad actual. En esa época, la educación estaba ligada a la familia, y hasta los cuatro años los pequeños se entretenían con sus juguetes.

Los padres eran verdaderos instructores que inculcaban ideas a sus hijos acerca del mundo, la religión y el comportamiento correcto hacia los demás. Por lo general, se heredaba la profesión del padre. Los adinerados tenían privilegios, pues los príncipes y princesas aprendían Literatura, Matemáticas, Escritura y Gramática. Sin embargo, los hijos de los agricultores y pescadores tenían acceso limitado a la educación y, sobre todo, aprendían a cultivar, recolectar y pescar junto a sus padres.

Los hijos de los escultores y pintores sí tenían un mayor acceso a la educación, ya que aprendían a escribir jeroglíficos en papiros o estatuas y esto era una tarea que requería de ciertos conocimientos.

Existían diferencias en la educación en función del sexo. Las niñas que no pertenecían a familias nobles aprendían a llevar una casa, a cantar, a bailar y a tocar instrumentos musicales, ya que eran actividades que les servían para trabajar como cantantes o bailarinas en los palacios.

El sistema escolar en el antiguo Egipto contaba con dos modelos:

- Las casas de instrucción, que se ocupaban de la educación elemental a partir de los seis años. Estaban dirigidas por sacerdotes y su programa incluía Escritura, Astronomía, Religión, Música, Lenguaje e Higiene.
- Las escuelas de los escribas, que eran de carácter superior y, además de incluir las mismas áreas que la educación elemental, incorporaban los tres tipos de escritura egipcia: la demótica, la hierática o religiosa, y la jeroglífica.

La enseñanza era completamente rutinaria. Los escolares disponían de un silabario* con el que aprendían en orden los signos habituales, con su correspondiente pronunciación y significado. Los recitaban en voz alta, los aprendían de memoria y los copiaban para aprender a escribirlos bien.

*silabario: libro o cartel con sílabas, o palabras divididas en sílabas, que se utiliza para enseñar a leer.

Extraído de: www.cosasdeeducacion.es/

3 Cambio

14 Escribe sobre cómo era la vida de una persona de tu familia cuando tenía tu edad y compárala con la tuya.

Cuando mi abuela tenía mi edad, estudiaba secretariado, y yo estudio Bachillerato...

15 Señala cuáles de estas actitudes son positivas y cuáles, negativas.

	Positivo	Negativo
1 Aprender de los errores.	☐	☐
2 Quedarse estancado en una situación.	☐	☐
3 Dejar de luchar por algo.	☐	☐
4 Lograr recuperarse de una crisis.	☐	☐
5 Superar un obstáculo.	☐	☐
6 Conseguir aprobar un examen.	☐	☐
7 Luchar por una educación de calidad.	☐	☐
8 Ser resiliente.	☐	☐

16 Elige algunas de las expresiones anteriores y escribe una frase sobre ti como la del ejemplo.

Cuando estoy en una situación difícil, intento no quedarme estancado y lucho por superarla.

_____

_____

_____

17 Completa el poema sobre el derecho a la educación con estas frases.

a que puedo darles mucho a cambio.
b es mío
c y porque en demasiados lugares
d es mi derecho a aprender.
e Soy uno de ustedes.

Mi derecho a aprender
Robert Prouty

No tengo que ganarme
el derecho a aprender,
(1) _____
el derecho a ilustrarme.
Y si por culpa
de leyes defectuosas
y errores de diseño
(2) _____
todavía a demasiada gente no le importa,
si por culpa de todo eso y de otras cosas
la puerta del aula
con alguien capaz de enseñar
aún está fuera de mi alcance,
todavía no está a la vista,
esos fallos mi derecho no anulan.
Así que aquí estoy.
(3) _____
Y por la gracia de Dios
y de ustedes, hallaré mi lugar.
No nos conocemos aún,
todavía no me conocen,
así que aún no saben
(4) _____
El futuro es como me llamo
y lo único que reclamo
(5) _____

18 🎧 5 Escucha y comprueba.

REVOLUCIÓN DE LA MUJER

19 Completa la tabla con estos verbos regulares en pretérito indefinido.

	aprobar	defender	salir
yo			
tú			
él, ella, usted			
nosotros/-as			
vosotros/-as			
ellos, ellas, ustedes			

20 Completa las siguientes frases con los verbos en pretérito indefinido.

1 La manifestación _____ (empezar) a las siete y _____ (acabar) cuando _____ (llegar) tú.
2 Los sindicatos _____ (defender) la huelga para conseguir mejores condiciones laborales.
3 Tras el incendio en la fábrica de Nueva York, las mujeres _____ (decidir) luchar por sus derechos.
4 En las pasadas elecciones _____ (ganar) la candidata del partido de los verdes.
5 Las mujeres _____ (votar) por primera vez en unas elecciones en Nueva Zelanda en 1893.
6 La marca Levi's _____ (crear) los primeros pantalones vaqueros para mujeres en 1934.
7 La primera mujer que _____ (entrar) en la universidad fue Elena Lucrecia Comaro en el siglo XVII.

Cambio 3

21 Completa la tabla con estos verbos irregulares.

ser / ir	estar	poder	hacer	venir
fui	estuve			vine
		pudiste		
	estuvo		hizo	
fuimos				
	estuvisteis		hicisteis	
fueron		pudieron		

22 Lee las siguientes definiciones. ¿A qué palabras corresponden? Hay tres que sobran.

manifestación   sufragio   movilización   sindicato
igualdad   huelga   derecho

1 _____
Interrupción colectiva de la actividad laboral por parte de los trabajadores con el fin de reivindicar ciertas condiciones o expresar una protesta.

2 _____
Marcha pública, generalmente al aire libre, en la que los asistentes reclaman algo o expresan su protesta por algo.

3 _____
Asociación de trabajadores para la defensa y reivindicación de sus intereses.

4 _____
Sistema electoral en el que las personas votan.

23 Relaciona las siguientes frases con sus protagonistas.

☐ Malala Yousafzai
☐ Benazir Bhutto
☐ Helen Keller
☐ Mahatma Gandhi
☐ Rigoberta Menchú
☐ Martin Luther King

1 Luchó por los derechos de los afroamericanos y murió asesinado en 1968.
2 Consiguió la independencia de la India.
3 Se convirtió en una defensora mundial de los derechos humanos después de recibir un disparo en la cabeza cuando iba a la escuela.
4 Gobernó en Pakistán y contribuyó al cambio de una dictadura militar a una democracia en su país.
5 Fue la primera persona sordociega que consiguió un título universitario y luchó por los derechos de los discapacitados.
6 Le dieron el Premio Nobel de la Paz por defender los derechos de los indígenas de su país.

24 Lee la biografía de tres mujeres que dedicaron su vida a cambiar el mundo y completa los textos con el pretérito indefinido.

HIPATIA DE ALEJANDRÍA (370-415)
(1) _____ (Vivir) durante la época del Imperio Romano en Alejandría. Durante su vida (2) _____ (viajar) a Roma y a Atenas. Cuando (3) _____ (volver) a Alejandría, (4) _____ (dedicarse) a la enseñanza de Matemáticas, Astronomía y Filosofía y su casa (5) _____ (convertirse) en un centro intelectual donde estudiaban paganos, judíos y cristianos. (6) _____ (Escribir) muchos libros, la mayoría de texto, y muchos estudios sobre Álgebra, Geometría y Filosofía. Además, (7) _____ (construir) instrumentos científicos como el astrolabio y el hidroscopio. (8) _____ (Morir) asesinada por una multitud de cristianos fanáticos.

MARIA MONTESSORI (1870-1952)
(1) _____ (Estudiar) Ingeniería a los 14 años, luego Biología y, por último, (2) _____ (entrar) en la Facultad de Medicina de la Universidad de Roma. (3) _____ (Graduarse) en Medicina en 1896, y (4) _____ (ser) la primera mujer en conseguirlo en Italia. Más tarde, (5) _____ (obtener) un doctorado en Filosofía, época en la que (6) _____ (asistir) a uno de los primeros cursos de Psicología Experimental. (7) _____ (Desarrollar) un método y una filosofía de la educación que (8) _____ (servir) para renovar los métodos pedagógicos existentes hasta ese momento.

CLARA CAMPOAMOR (1888-1972)
En 1924 (1) _____ (obtener) el título de licenciada en Derecho por la Universidad de Madrid. (2) _____ (Ser) diputada en 1931 y (3) _____ (formar) parte de la comisión encargada de redactar el proyecto de la Constitución de la Segunda República, en el que (4) _____ (defender) el sufragio femenino. En octubre de 1931 (5) _____ (fundar) la Unión Republicana Feminista. En 1936 (6) _____ (escribir) su obra más conocida: *El voto femenino y yo*. (7) _____ (Tener) que huir de España a causa de la Guerra Civil. (8) _____ (Morir) exiliada en Lausana (Suiza) en 1972.

25 Escribe la biografía de una mujer que hizo algo importante por tu país o por el mundo.

Más léxico

3 Cambio

26 Completa las siguientes frases con las palabras que faltan.

consumo   crecimiento   natalidad   transformación
mercado   población   desigualdades   parados

1. En los últimos años ha habido muchos cambios en el _____ laboral.
2. En muchas regiones de Latinoamérica ha habido recientemente un gran _____ económico.
3. Las nuevas tecnologías han causado un aumento del _____ entre los jóvenes.
4. El Gobierno ha aprobado una ley para promover la _____ en el país.
5. Este año ha disminuido el número de _____ debido al turismo.
6. La reducción de la _____ activa en el país se debe a la emigración.
7. Debido a la crisis ha habido una gran _____ social.
8. En algunos aspectos han aumentado las _____ entre los países ricos y los pobres.

27 Elige la opción correcta.

1. Mi hermano se **ha dejado/ha hecho** el pelo largo.
2. Después de mi cumpleaños, me **he vuelto/he hecho** más responsable.
3. Antes pesaba 70 kilos y ahora 65, **he engordado/he adelgazado**.
4. Este año me **he hecho/he vuelto** budista y estoy muy feliz.
5. Este trimestre ha habido menos trabajo y por eso **ha aumentado/ha disminuido** el paro.
6. Me ha tocado la lotería y me **he vuelto/he hecho** rico.

28 Relaciona.

1. quedarse   a. recuperarse
2. superar   b. estancado/-a
3. aprender   c. una actitud positiva
4. luchar   d. por algo
5. ser   e. frente a las adversidades
6. tomar   f. un obstáculo
7. lograr   g. de un error
8. reaccionar   h. resiliente

29 Traduce el siguiente texto en tu cuaderno.

Poder usar pantalón, votar, practicar deportes, trabajar, y otros muchos son los derechos que ha conseguido la mujer gracias a sus reivindicaciones. El movimiento feminista nació con el fin de lograr la igualdad de derechos entre mujeres y hombres, así como eliminar la violencia de género.

30 Clasifica las siguientes palabras en cada categoría.

votar   sindicato   huelga   manifestación   examen
sufragio   carrera   ministerio   Código Civil   Gobierno
Bachillerato   asignatura   Constitución   movilización
paro   política laboral   sistema de producción   Estado
elecciones   empresa   suspender   consumo   aprobar
acuerdo internacional   sacar malas notas   escolarización

TRABAJO

POLÍTICA

EDUCACIÓN

Videoblog

3 Cambio

EL DERECHO A LA EDUCACIÓN

1 ¿En el pasado el derecho a la educación era igual para hombres y mujeres? ¿En qué países o colectivos creéis que no se cumplía? ¿Qué otras desigualdades existían? ¿Cómo es la situación actual? ¿Ha cambiado la situación de las mujeres? Coméntalo con tus compañeros.

2 A Mira el vídeo y completa las frases con el verbo correspondiente del recuadro en indefinido.

recibir   hacerse (x2)   defender   convertirse   nacer

1 _____ famosa por defender el derecho de las mujeres a la educación.
2 _____ en una de las primeras abogadas en España.
3 _____ famosa por ser sufragista.
4 _____ en Guatemala.
5 _____ los derechos de las minorías indígenas.
6 _____ el Premio Nobel de la Paz.

B Relaciona las frases anteriores con la persona a la que corresponde. Puede haber frases que no se relacionen con ninguno de los dos personajes.

A Rigoberta Menchú: _____
B Clara Campoamor: _____

3 A En el vídeo que hemos visto, Jaime intenta que sus amigos adivinen el nombre de un personaje. De las siguientes frases, marca cuáles corresponden al personaje que intentan adivinar.

		Sí	No
1	Se hizo famosa por defender el derecho de las mujeres a la educación.		
2	Se convirtió en una de las primeras abogadas de España.		
3	Se hizo famosa por defender el derecho de las mujeres a votar.		
4	No nació en Europa.		
5	Defendió los derechos de las minorías indígenas.		
6	Es africana.		
7	Se convirtió en la persona más joven en ganar el premio Nobel.		
8	Es asiática.		

B Vuelve a ver el vídeo y comprueba tus respuestas.

C ¿Sabes de quién habla Jaime? Coméntalo con tus compañeros.

4 Con tus compañeros vas a elegir un personaje (hombre, mujer, niño o niña) y proponerlo para recibir el premio Nobel de la Paz. Pensad en las cosas que ha hecho, cuáles son sus méritos y presentádselo a toda la clase. Entre todos elegiréis al mejor.

Yo propongo a... porque... ¿Qué os parece?

Evaluación   **3** Cambio

Lengua y comunicación

1 El paro ___ debido al crecimiento económico.
a) ☐ ha aumentado
b) ☐ ha disminuido
c) ☐ ha transformado

2 No sé qué le pasa a Lucas. Desde que está con Inés ___ más amable.
a) ☐ se ha vuelto
b) ☐ se ha hecho
c) ☐ se ha dejado

3 Miguel ___ socio de un club de fútbol.
a) ☐ sigue haciendo
b) ☐ se ha hecho
c) ☐ empieza a hacerse

4 ¿___ barba? Te veo raro...
a) ☐ Has dejado
b) ☐ Te has dejado
c) ☐ Has dejado de

5 Mi hermano pequeño ___ cinco centímetros en unos meses.
a) ☐ ha engordado
b) ☐ ha crecido
c) ☐ ha adelgazado

6 ___ en una nueva época debido a las nuevas tecnologías.
a) ☐ Hemos empezado
b) ☐ Hemos entrado
c) ☐ Hemos alcanzado

7 ___ ha descendido porque las familias tienen pocos niños.
a) ☐ La mortalidad
b) ☐ La esperanza de vida
c) ☐ La natalidad

8 Cuando mis padres ___ al colegio no ___ ordenadores.
a) ☐ iban / había
b) ☐ iban / estaban
c) ☐ eran / había

9 Las escuelas antes no ___ mixtas.
a) ☐ eran
b) ☐ fueron
c) ☐ han sido

10 Antes, aquí ___ una crisis muy dura, pero actualmente la situación ha mejorado.
a) ☐ había
b) ☐ era
c) ☐ fue

11 Si quieres ___ algo, no puedes quedarte sin hacer nada.
a) ☐ luchar
b) ☐ conseguir
c) ☐ reaccionar

12 Es importante ___ todos los ___ con los que nos encontramos.
a) ☐ lograr / problemas
b) ☐ superar / obstáculos
c) ☐ conseguir / castigos

13 Tengo un amigo que antes ___ católico y ahora ___ budista.
a) ☐ fue / se hizo
b) ☐ era / hizo
c) ☐ era / se ha hecho

14 Los pantalones vaqueros ___ populares entre las mujeres a mediados del siglo XX.
a) ☐ convirtieron
b) ☐ se hicieron
c) ☐ consiguieron

15 He llegado tarde esta mañana porque los trabajadores del metro estaban en ___.
a) ☐ movilización
b) ☐ manifestación
c) ☐ huelga

16 El primer Día Internacional de la Mujer ___ en 1914.
a) ☐ fue
b) ☐ celebró
c) ☐ proclamó

17 Ayer hubo elecciones pero no ___ ir a votar.
a) ☐ puse
b) ☐ pude
c) ☐ tuve

18 Todavía hay mucha diferencia de salarios entre hombres y mujeres. Esto es solo otro ejemplo de ___.
a) ☐ violencia
b) ☐ igualdad
c) ☐ desigualdad

19 En la Convención de Belém, muchos países ___ modificar sus constituciones.
a) ☐ acordaron
b) ☐ cambiaron
c) ☐ encontraron

20 El 80 % de los votantes, es decir, ___, eligió un partido progresista.
a) ☐ la minoría
b) ☐ la mayoría
c) ☐ algunos

Total: ___ / 10 puntos

Evaluación

3 Cambio

Destrezas

1. COMPRENSIÓN DE LECTURA

1 Lee el siguiente texto de Naciones Unidas sobre la discriminación de la mujer y señala la respuesta correcta.
(___ / 2 puntos)

La intención del texto es:
1. describir cuáles son los derechos de la mujer. ☐
2. denunciar que en algunos países no se respetan los derechos de la mujer. ☐
3. explicar por qué existe discriminación contra la mujer en algunos países. ☐

DISCRIMINACIÓN DE LA MUJER

La igualdad entre los sexos es esencial para el logro de los derechos humanos para todos. No obstante, las leyes que discriminan a la mujer prevalecen en todos los rincones del planeta. Muchas de esas leyes tratan a las mujeres y a las niñas como de segunda clase en lo que respecta a la nacionalidad y la ciudadanía, la salud, la educación, los derechos conyugales, el derecho al empleo, los derechos parentales y los derechos de herencia y posesión de bienes.

En algunos países, las mujeres, a diferencia de los hombres, no pueden vestirse como desean, conducir un vehículo, trabajar de noche, heredar bienes ni prestar testimonio ante un tribunal. La inmensa mayoría de las leyes discriminatorias vigentes guardan relación con la vida en familia, incluso limitan el derecho de la mujer al matrimonio, así como el derecho al divorcio y a volver a casarse.

La violencia contra la mujer prevalece en todas las culturas a una escala inimaginable y, a menudo, el acceso de la mujer a la justicia tropieza con obstáculos como leyes discriminatorias y actitudes y prejuicios sociales.

El derecho internacional relativo a los derechos humanos prohíbe la discriminación basada en el sexo e incluye garantías para los hombres y las mujeres al disfrute de sus derechos en igualdad. En la *Convención sobre la eliminación de todas las formas de discriminación contra la mujer* [...] se establece la obligación de los Estados de «adoptar todas las medidas adecuadas, incluso de carácter legislativo, para modificar o derogar leyes, reglamentos, usos y prácticas que constituyan discriminación contra la mujer».

A treinta años de la entrada en vigor de la Convención, el reconocimiento y el disfrute de la igualdad de derechos con los hombres sigue estando fuera del alcance de un gran número de mujeres en todo el mundo.

Extraído de: www.un.org/es

2 Vuelve a leer el texto y completa las siguientes frases. (___ / 8 puntos)
1. En todo el planeta sigue habiendo _____.
2. La mayoría de las leyes que discriminan a las mujeres tienen relación con _____.
3. Según los derechos humanos, no está permitida _____.
4. La *Convención sobre la eliminación de todas las formas de discriminación contra la mujer* obliga a _____.

Total: ___ / 10 puntos

Evaluación 3 Cambio

 2. EXPRESIÓN ESCRITA

(Escribe al menos 250 palabras)

En tu país ha habido cambios en los últimos años. Escribe un artículo sobre estas transformaciones. Puedes centrarte en los siguientes aspectos: cambios sociales, laborales o educativos.

Incluye:
- una introducción
- descripción de la situación actual
- descripción de los cambios
- conclusión

▶ EVALUACIÓN DE TU PRODUCCIÓN ESCRITA

- **Lengua** (___ / 4 puntos)
- Léxico: vocabulario relacionado con la sociedad, el mundo laboral y la lucha
- Gramática: pretérito perfecto, pretérito imperfecto, pretérito indefinido

- **Contenido** (___ / 4 puntos)
- Introducción
- Situación actual
- Cambios
- Conclusión

- **Formato: artículo** (___ / 2 puntos)
- ¿El título resume el contenido de tu artículo?
- ¿Has incluido una idea en cada párrafo?

Total: ___ / 10 puntos

 3. EXPRESIÓN ORAL

(Mínimo, dos minutos)

Habla sobre una persona a la que admiras por alguna razón. Puede ser un personaje público, histórico o de tu entorno.

Incluye:
- información sobre la persona
- información sobre la época (puedes compararla con la actual)
- información sobre lo que hizo esa persona
- por qué la admiras

▶ EVALUACIÓN DE TU PRODUCCIÓN ORAL

- **Lengua** (___ / 4 puntos)
- Léxico: variado y correcto
- Gramática: pretérito perfecto, pretérito imperfecto, pretérito indefinido

- **Contenido** (___ / 4 puntos)
- Información sobre la persona
- Información sobre la época
- Información sobre lo que hizo
- Justificación de por qué es admirable

- **Expresión** (___ / 2 puntos)
- Hablas con fluidez
- Tienes una buena pronunciación y entonación

Total: ___ / 10 puntos

 4. COMPRENSIÓN AUDITIVA

A 🎧 6 **Escucha un *podcast* sobre algunos movimientos sociales que consiguieron cambiar el mundo. Ordena del 1 al 4 los siguientes acontecimientos según el orden en el que los escuchas.** (___ / 4 puntos)

a Independencia de la India
b Derecho al voto femenino en Estados Unidos
c Fin de la segunda guerra civil en Liberia
d Fin del *apartheid*

B 🎧 6 **Vuelve a escuchar y toma nota de cuándo ocurrieron los acontecimientos anteriores según el orden correcto.** (___ / 6 puntos)

1 _____ 2 _____ 3 _____ 4 _____

Total: ___ / 10 puntos

Total: ___ / 50 puntos

Mi progreso

Valora tu progreso después de esta unidad.

Mis habilidades

- Expresar cambios
- Comparar épocas diferentes
- Analizar la situación social y política
- Escribir una biografía y hacer una entrevista

Mis conocimientos

- Léxico relacionado con el mundo laboral, la educación y los movimientos sociales
- Comparar épocas diferentes
- Analizar la situación social y política
- La resiliencia
- La pronunciación y la ortografía de c, z y s

Soy más consciente

- De los cambios que ha habido en el mundo
- De cómo era la vida antes
- De todo lo que tengo

 Bien    Adecuado   Mal

CONVIVENCIA 4

COMUNICACIÓN INTERCULTURAL

1 Cambiar de país y convivir con una nueva cultura puede ser positivo y también negativo. Clasifica los siguientes factores.

1 Conseguir experiencia en un trabajo.
2 Aprender un nuevo idioma.
3 Sentirse solo.
4 Conocer a personas interesantes.
5 Ganar dinero.
6 Sentir inseguridad.
7 No adaptarse a la nueva cultura.
8 Estar lejos de la familia y los amigos.

factores positivos	factores negativos

2 Ahora, añade un factor positivo y otro negativo para una persona de tu edad.

Positivo:

Negativo:

3 Completa estas frases con la forma adecuada del pretérito pluscuamperfecto.

1 Cuando llegó a casa, sus padres no estaban porque dos horas antes _____ (salir) al cine.
2 Compré a mi madre un libro de poemas de Octavio Paz, pero ya lo _____ (leer).
3 En el restaurante no conseguimos una mesa porque no _____ (reservar).
4 Suspendió el examen porque las semanas anteriores no _____ (estudiar).
5 Tocó muy bien el piano en el concierto porque durante muchos días _____ (practicar).
6 Cuando los niños se levantaron, el padre ya _____ (preparar) el desayuno.
7 Carmen me enseñó el vestido que _____ (comprar) el sábado pasado.
8 No fui al cine con mis amigos porque ya _____ (ver) la película.

4 Transforma estas frases utilizando el pretérito pluscuamperfecto.

1 Llegaron los invitados. Preparé la cena antes.
   Cuando llegaron los invitados, ya _____.
2 Primero, se traducían los libros al griego y después, al latín.
   Antes de traducirse al latín, los libros _____.
3 Vivimos dos años en Francia y después fuimos a España.
   Cuando vinimos a vivir a España, _____.
4 Para ir al aeropuerto, primero recogimos a Pilar y después, a Dani.
   Antes de recoger a Dani, _____.
5 El español es la tercera lengua que he aprendido.
   Cuando empecé a estudiar español, ya _____.
6 Cortázar adoptó la nacionalidad francesa antes de morir.
   Cuando Cortázar murió, ya _____.
7 Primero salió el tren, después llegué a la estación.
   Cuando llegué a la estación, ya _____.
8 Estudié ruso antes de instalarme en Moscú.
   Cuando me instalé en Moscú, ya _____.

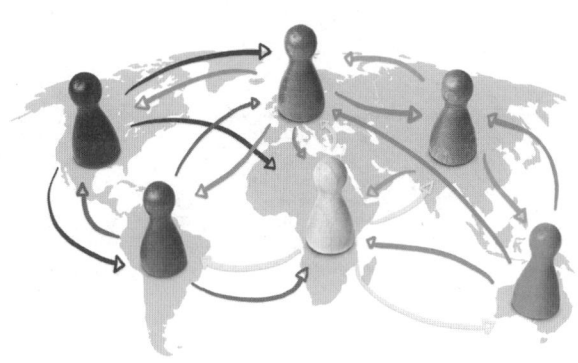

treinta y cinco **35**

Convivencia

5 En esta unidad han aparecido muchos relatos en pasado. En ellos aparecen cuatro tiempos verbales. ¿Cómo se llaman y cuáles son sus características?

1 _____
2 _____
3 _____
4 _____

6 En pequeños grupos, comentad qué hacéis para aprender las formas de los distintos tiempos verbales del pasado y cómo se utilizan. Aquí tenéis una lista con ideas, ¿podéis añadir alguna más?

a Leo lecturas graduadas, textos en internet e incluso libros, y me fijo en los pasados.
b Escucho muchas canciones en YouTube con subtítulos y me fijo en los pasados.
c Escribo algunos pasados irregulares con distintos colores en tarjetas que pongo por mi habitación. Cuando los aprendo, escribo otros nuevos.
d Transformo pequeños relatos del presente al pasado.
e He hecho unas tarjetas con el infinitivo en una cara y el pretérito indefinido en la otra. Me llevo estas tarjetas en el autobús y practico mientras viajo.

7 Con un compañero, traduce este pequeño texto expositivo a tu lengua. Observa cómo traducís los tiempos de pasado.

Aunque la Escuela de Traductores de Toledo había sido creada en el siglo XII, fue Alfonso X en el siglo XIII quien le dio su máximo impulso. Es importante decir que en la escuela no solo se traducía, sino que también se estudiaban distintas lenguas, así como Filosofía y Astrología, entre otras asignaturas. Sin duda, fueron los árabes quienes conservaron y transmitieron a Occidente el saber griego y romano, y podemos decir que su influencia también ha llegado a nosotros.

8 Escribe frases con las cosas positivas y negativas que consideras al utilizar la traducción cuando aprendes un idioma. Después, ponlas en común con tus compañeros.

Positivas

Negativas

Convivencia 4

RELACIONES SOCIALES

9 Un compañero te explica las reglas para hacer un trabajo en grupo. Reacciona con expresiones de aprobación y desaprobación. Aquí tienes algunos ejemplos.

- Me parece fenomenal.
- No me parece bien.
- Lo veo exagerado.
- Lo encuentro muy pesado.
- Lo considero justo.

1 Todos tenemos que ser completamente sinceros siempre.
Me parece muy bien.

2 Hay que levantar la mano cada vez que se quiere participar.

3 Siempre hay una persona del grupo que escribe las intervenciones y luego hace un resumen.

4 Si un día faltas a la reunión, tienes que comunicarlo al menos cuatro horas antes.

5 Las reuniones pueden ser fuera del instituto, por ejemplo, en nuestras casas.

6 Podemos abrir un documento compartido para trabajar de forma individual desde nuestras casas.

7 Si se falta a alguna de estas reglas, inmediatamente quedas expulsado del grupo.

10 Completa esta pequeña historia sobre Luis con el conector adecuado.

como   porque   cuando   por eso   así que   es que

(1) _____ Luis era hijo único, nunca había convivido con hermanos y siempre había tenido todo para él.
(2) _____ fue a la universidad y tuvo que compartir un piso con varios compañeros, fue muy difícil para él al principio (3) _____ no entendía las reglas de convivencia. (4) _____ tuvo muchos conflictos con algunos compañeros. No obstante, Luis era una persona muy sociable y pronto aprendió a compartir, (5) _____ en seguida hizo muchos amigos y comenzó a disfrutar de la convivencia con otras personas. Y (6) _____ nunca es tarde para aprender y todo es posible si nosotros queremos.

11 Termina estas frases utilizando los conectores causales y de consecuencia.

1 No he podido comprarte el regalo porque...
2 Como Julia vive cerca de mi casa, después de la fiesta...
3 No te he llamado, es que...
4 Mi hermano vive muy lejos, por eso...
5 He perdido el móvil, así que...

12 Añade las formas exclamativas a las siguientes frases.

1 ¡_____ sorpresa! No sabía que Juan venía también al concierto.
2 ¡Basta! ¡_____ discusión tan violenta! No quiero oír más.
3 Pero... ¡_____ bocadillos has preparado! ¡Solo somos cinco!
4 ¡_____ bonita es tu nueva bici! ¡Me encanta!
5 ¡_____ gente ha venido a la fiesta!
6 ¡_____ me dices! ¡No me lo puedo creer!
7 ¡_____ bien me lo paso con mi hermana, es divertidísima!
8 ¡_____ tiempo sin verte! ¡Al menos, dos meses!

treinta y siete **37**

4 Convivencia

13 Ordena este diálogo.

- ☐ Madre: ¡Eh! A ver quién recoge la mesa hoy...
- ☐ Julia: Pues yo antes de ayer.
- ☐ Padre: ¡Venga! La recogemos todos juntos. ¿De acuerdo?
- ☐ Sonia: Yo la he puesto, así que os toca a vosotros.
- ☐ Félix: Yo ya lo hice ayer.

14 Ahora, escribe otro diálogo que empiece de la misma forma. No te olvides de incluir alguna interjección que sirva para expresar emociones y sentimientos.

Madre: ¡Eh! A ver quién recoge la mesa hoy...

_____
_____
_____
_____
_____

15 Escribe las normas para una buena convivencia con tus vecinos.

16 🎧 7 Escucha a una psicóloga en un programa de radio hablando sobre los cambios que la tecnología ha supuesto para la convivencia en la familia. Escribe en esta tabla lo que dice sobre estos cambios.

	Antes de la tecnología	Después de la tecnología
Ver películas		
Escuchar música		
Comunicarse con los amigos		

EMIGRACIÓN

17 Completa esta tabla con los sustantivos correspondientes.

infinitivo	sustantivo
emigrar	
integrar	
adaptar	
rechazar	
aceptar	

18 Vicente resume sus primeras experiencias como emigrante. Lee y elige el conector correcto.

Salí de mi país **como / porque** no encontraba trabajo. **Entonces / Cuando** ahorré algo de dinero y compré un billete para ir a Inglaterra. **Cuando / Como** llegué, fui a vivir con un amigo que ya llevaba allí seis meses. Al principio fue difícil encontrar un trabajo y, sobre todo, aprender la lengua, **pero / porque** poco a poco todos mis problemas se fueron solucionando y **al final / entonces** conseguí adaptarme y sentirme bien. **Sin embargo, / Porque** echaba de menos a mi familia, a mis amigos y mi país, y después de tres años volví. **Como / Sin embargo,** había adquirido mucha experiencia trabajando en un hotel y ya sabía hablar muy bien inglés, encontré pronto un trabajo muy bueno en mi ciudad, cerca de todos mis amigos y de mi familia.

Convivencia 4

19 Lee este ensayo y marca con una cruz el apartado donde se incluye esta información.

	Introducción	1.er párrafo	2.º párrafo	3.er párrafo	Conclusión
1 Los protagonistas, las personas que deben actuar contra la discriminación.					
2 Las causas de la discriminación.					
3 El resumen de los argumentos.					
4 La tesis (lo que se quiere probar con el ensayo): la lucha contra la discriminación comienza en la escuela.					
5 Las consecuencias de la discriminación.					
6 La definición de *discriminación*.					

La discriminación en la escuela

(Introducción)
La discriminación consiste en tratar de una forma injusta a una persona o a un grupo de personas por creencias religiosas o políticas, nacionalidad, situación social, elección sexual, edad o discapacidades. La escuela es un pequeño microcosmos en la sociedad, así que, desgraciadamente, la discriminación también tiene lugar dentro de las aulas. Por eso es tan importante que desde la escuela primaria se trabajen los valores y las actitudes. Si creemos que una buena educación es la base de toda sociedad, se debe trabajar el problema de la discriminación de una forma explícita en las clases.

(Primer párrafo)
En primer lugar, los profesores deben estar muy alerta y trabajar junto con los padres en cuanto se observa una conducta extraña en algún niño. Por otro lado, es muy importante el papel de los compañeros, que deben informar inmediatamente de cualquier tipo de discriminación. Por último, es recomendable conocer los pasos que se deben dar en caso de sufrir esta discriminación: a dónde ir, con quién hablar y qué hacer.

(Segundo párrafo)
Es difícil entender la razón por la que una persona discrimina a otra. A veces, las personas tienen miedo a lo desconocido o, simplemente, lo diferente les provoca inseguridades, les hace cuestionarse su propia identidad y no quieren hacerlo. Por ejemplo, muchas de las discriminaciones a los homosexuales vienen dadas por chicos o chicas que cuestionan su propia sexualidad. Otras veces es una cuestión de luchas de poderes: discriminar o hacer de menos a otra persona, los hace a ellos más fuertes.

(Tercer párrafo)
Los efectos de la discriminación pueden repercutir a nivel psicológico y emocional con depresiones y ansiedades, pero también pueden tener consecuencias a nivel cognitivo, por lo que, con seguridad, un niño discriminado puede empezar a obtener resultados por debajo de sus capacidades intelectuales. A veces, incluso repercuten a nivel físico, con la aparición de enfermedades o alergias.

(Conclusión)
En muchos casos estas historias de discriminación terminan con el abandono del colegio, y esta no es la solución. Si el agresor es expulsado, va a una nueva escuela donde puede reproducir la misma conducta. Si es la víctima, probablemente va a tener de nuevo problemas a nivel cognitivo, motivacional y afectivo que le van a llevar a un fracaso escolar y a seguir siendo víctima. Solo la observación de todos los miembros de la escuela, una buena educación, una denuncia a tiempo y, por supuesto, la erradicación de las causas expuestas pueden terminar con la discriminación a medio plazo.

20 Vuelve a leer los textos de las páginas 48 y 49 y responde a las siguientes preguntas.
1 ¿En qué años ocurrió la Guerra Civil española?
2 ¿A qué países se exiliaron mayormente los españoles que habían perdido la guerra?
3 ¿De qué países, mayoritariamente, son las personas que van a vivir en España?
4 ¿En qué años y por qué se dio el mayor número de personas que fueron a vivir a España?

21 Imagina que acabas de llegar a un nuevo país como emigrante. Escribe tus sensaciones en un diario.

Más léxico

4 Convivencia

22 Haz una lista de las razones por las que una persona puede marcharse a otro país.

Para mejorar su currículo.

23 ¿Cómo se llaman las personas que practican estas religiones?

1. Budismo _____
2. Cristianismo _____
3. Islam _____
4. Judaísmo _____
5. Hinduismo _____

24 ¿A qué palabras corresponden las siguientes definiciones?

| Mozárabes | Al-Ándalus | Edad Media | Clérigo | Visigodos |

1. _____ : periodo histórico que abarca desde el siglo V hasta el siglo XV.
2. _____ : cristianos que vivían en territorio árabe.
3. _____ : persona que pertenece a la Iglesia (sacerdotes, obispos...).
4. _____ : pueblos germanos que invadieron la Península Ibérica a principios del siglo V.
5. _____ : nombre que en la Edad Media dieron los musulmanes a la Península Ibérica.

25 Relaciona.

1 coger algo	a sincero
2 estar dispuesto	b a ayudar
3 pedir	c empatía
4 ser	d el lenguaje ofensivo
5 tener	e los nervios
6 evitar	f perdón
7 fomentar	g sin permiso
8 perder	h el autocontrol

26 ¿Cómo se llaman estas actividades? Escribe los verbos que faltan.

1. _____ a pasear al perro.
2. _____ el aspirador.
3. _____ la mesa.
4. _____ el cuarto de baño.

27 Completa las frases con los siguientes verbos en el tiempo adecuado.

| integrarse | tolerar | acoger | emigrar | exiliarse | rechazar |

1. Mis abuelos _____ a Argentina en los años cincuenta y volvieron a Italia en los noventa.
2. Aprender el idioma que se habla en el país de acogida es una de las mejores maneras de _____.
3. No se puede _____ a una persona por sus creencias religiosas.
4. En los años treinta México _____ a muchos españoles después de la Guerra Civil.
5. Muchos argentinos _____ en los años setenta a causa de la dictadura.
6. Hay personas que no _____ las ideas políticas de los otros.

Videoblog

4 Convivencia

CÓMO LLEVARSE BIEN CON TODO EL MUNDO

1 Después de observar el vídeo, piensa en cuáles deberían ser las normas para que funcione la convivencia en los siguientes ámbitos. Coméntalo con tus compañeros.

1. Los compañeros de trabajo o clase
2. La pareja
3. La familia
4. Los vecinos
5. Los amigos

2 Mira el vídeo y contesta a las preguntas.

1. ¿Qué problema de convivencia tiene Jaime?

2. ¿Qué problema de convivencia tuvo Sara?

3 A ¿Qué crees que podrían hacer Jaime y Sara para resolver sus problemas de convivencia? Coméntalo con tus compañeros.

B Mira el vídeo y responde a las preguntas.

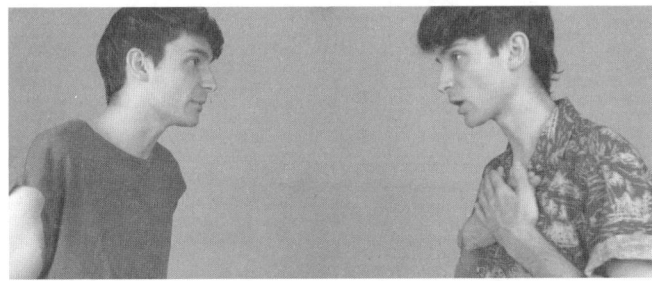

1. ¿Cómo solucionó Jaime el conflicto?

2. ¿Cómo solucionó Sara el problema?

C ¿Te parecen buenas soluciones las que han tomado Jaime y Sara? ¿Coinciden con tus propuestas del apartado A? Coméntalo con tu compañero.

4 ¿Tú o alguien que conoces ha tenido algún problema de convivencia? ¿Con quién? ¿Cómo se solucionó? Coméntalo con tus compañeros.

Evaluación

4 Convivencia

Lengua y comunicación

1 Si crees en el islam, entonces eres ___.
a) ☐ musulmán
b) ☐ judío
c) ☐ hindú

2 Cuando comenzó la Escuela de Traductores, los judíos y los cristianos ya se ___ a convivir con los musulmanes.
a) ☐ adaptaron
b) ☐ adaptaban
c) ☐ habían adaptado

3 Alfonso VI reconquistó Toledo y después la ___ en la Ciudad de las Tres Culturas.
a) ☐ convertía
b) ☐ convirtió
c) ☐ había convertido

4 Muchos libros se escribieron en árabe y después ___ al latín.
a) ☐ se tradujeron
b) ☐ se traducían
c) ☐ se habían traducido

5 Muchos judíos se refugiaron en Toledo porque ___ de las ciudades donde vivían.
a) ☐ huyen
b) ☐ han huido
c) ☐ habían huido

6 Los árabes llevaron a Toledo muchos libros que ___ conocimientos del viejo mundo.
a) ☐ incluyeron
b) ☐ incluían
c) ☐ habían incluido

7 A mi hermana ___ parece muy bien la fecha del 12 de junio para la fiesta.
a) ☐ me
b) ☐ le
c) ☐ la

8 Julia se enfada ___ su hermano lleva mucho tiempo en el cuarto de baño.
a) ☐ como
b) ☐ porque
c) ☐ es que

9 No hay suficiente pan, ___ papá ha ido a comprarlo.
a) ☐ por eso
b) ☐ porque
c) ☐ como

10 • Mañana me han invitado a una fiesta.
a) ☐ ■ ¡Estupendo!
b) ☐ ■ ¡Eh!
c) ☐ ■ ¡Oye!

11 ¡___, que no me escuchas!
a) ☐ Estupendo
b) ☐ Oh
c) ☐ Oye

12 ___ Que vamos a llegar tarde al teatro.
a) ☐ ¡Oh!
b) ☐ ¡Estupendo!
c) ☐ ¡Venga!

13 Con ayuda, muchos alumnos pueden resolver sus ___.
a) ☐ conflictos
b) ☐ castigos
c) ☐ competencias

14 A los profesores se los llama también ___.
a) ☐ padres
b) ☐ alumnos
c) ☐ docentes

15 Muchos emigrantes se sienten ___, no queridos por la sociedad.
a) ☐ adaptados
b) ☐ aceptados
c) ☐ rechazados

16 No es tan fácil ___ a una nueva cultura.
a) ☐ adaptarse
b) ☐ aceptarse
c) ☐ rechazarse

17 Estaba muy triste, pero al conocer a Carmen, ___ su vida cambió.
a) ☐ de repente
b) ☐ sin embargo
c) ☐ porque

18 Estaba contento, ___, esperaba un mejor resultado.
a) ☐ porque
b) ☐ sin embargo
c) ☐ al final

19 Al principio estaba solo, pero ___ hizo muchos amigos.
a) ☐ al final
b) ☐ sin embargo
c) ☐ como

20 Una guerra entre personas de un mismo país se llama guerra ___.
a) ☐ interna
b) ☐ civil
c) ☐ interior

Total: ___ / 10 puntos

Evaluación

4 Convivencia

Destrezas

1. COMPRENSIÓN DE LECTURA

1 Lee el texto y señala a quién va dirigido. (___ / 1 punto)

a ☐ A los padres   b ☐ A los hijos   c ☐ A toda la familia

2 ¿En qué párrafo se dicen estas cosas? Escribe el número. (___ / 6 puntos)

a Hay que intentar pasar tiempo con las personas con las que se convive. ☐
b Se debe respetar también que se quiera estar de vez en cuando solo. ☐
c Los padres tienen que ser un modelo para los hijos. ☐
d Todos tienen que ayudar en casa. ☐
e La conversación en la familia es esencial. ☐
f Es importante disculparse si se hace algo mal. ☐

3 Busca en los tres últimos párrafos sinónimos de estas palabras. (___ / 3 puntos)

a premio (párrafo 4) _____
b a veces (párrafo 5) _____
c adultos (párrafo 6) _____

CONSEJOS para una buena convivencia

1 Ante todo, hablar
La base de todo entendimiento está en la comunicación, y los problemas que no se hablan suelen acumularse y causar grandes conflictos más adelante. Si un miembro de la familia tiene un problema hay que animarlo a compartirlo.

2 Establecer momentos de convivencia
Los horarios laborales son complicados y dificultan la posibilidad de compartir algún momento a lo largo del día, pero hay que buscar la manera de encontrarlos. No solo en la comida, sino también en actividades como ver una película, hacer ejercicio, etc.

3 Respetar la intimidad
Tan importante como buscar momentos de convivencia es saber respetar la intimidad de cada miembro de la familia. Hay que respetar que alguno tenga momentos o días con más necesidad de aislamiento.

4 Repartir las tareas
Vivir en familia implica numerosas tareas, según la edad y disponibilidad, pero todos deben colaborar en las tareas domésticas, sin necesidad de tener que recibir ninguna recompensa por ello.

5 Saber pedir perdón
En ocasiones sabemos que nos hemos equivocado, pero pedir perdón no es fácil y, sin embargo, es imprescindible para una convivencia sana.

6 No perder nunca el respeto
El respeto es fundamental en todas las familias, sobre todo a las personas mayores y a los padres, y se enseña con el ejemplo. No se puede pedir respeto a los hijos si el padre y la madre no se respetan.

Extraído de: www.mejorconsalud.com

Total: ___ / 10 puntos

Evaluación 4 Convivencia

 2. EXPRESIÓN ESCRITA

(Escribe al menos 250 palabras)

En los últimos años ha habido muchas migraciones por motivos políticos o económicos que han dado como resultado nuevos tipos de convivencia. Escribe un artículo de opinión sobre este tema.

Incluye:
- una introducción para contextualizar dónde y cuándo se han producido estas migraciones
- uno o dos párrafos con tus argumentos sobre cómo ves tú esta nueva convivencia
- uno o dos párrafos con argumentos de otros puntos de vista al respecto
- conclusión

▶ EVALUACIÓN DE TU PRODUCCIÓN ESCRITA

- **Lengua** (____ / 4 puntos)
- Léxico: relativo a la emigración y convivencia
- Gramática: los pasados y los conectores de causa y consecuencia
- **Contenido** (____ / 4 puntos)
- La contextualización de la nueva situación
- Tus argumentos
- Otros argumentos
- La conclusión a la situación que se ha creado
- **Formato: artículo de opinión** (____ / 2 puntos)
- ¿Has incluido un buen título y tu nombre?
- ¿Hay una buena estructura: introducción, desarrollo y conclusión?

Total: ____ / 10 puntos

 3. EXPRESIÓN ORAL

(Mínimo, dos minutos)

Imparte una pequeña conferencia en tu centro sobre lo que es más importante para ti en la convivencia escolar.

Incluye:
- a quién va dirigida tu conferencia y la razón para darla
- un análisis de la situación actual y pasada en el centro
- ideas para mejorar la convivencia en tu centro
- propuestas de cara al futuro y conclusión

▶ EVALUACIÓN DE TU PRODUCCIÓN ORAL

- **Lengua** (____ / 4 puntos)
- Léxico: variado y correcto
- Gramática: uso de pasados y conectores de causa y consecuencia
- **Contenido** (____ / 4 puntos)
- Razones
- Análisis
- Ideas
- Propuestas
- **Expresión** (____ / 2 puntos)
- Hablas con fluidez
- Tienes una buena pronunciación y entonación

Total: ____ / 10 puntos

 4. COMPRENSIÓN AUDITIVA

🎧 8 Escucha esta encuesta a cinco chicos de un colegio que hablan sobre casos de marginación y completa la tabla según quién dice estas cosas.

		Wilkin	Jorge	Rocío	David	Fátima
1	Racismo					
2	Situación económica					
3	Lengua					
4	Apariencia física					
5	Religión y costumbres					

Total: ____ / 10 puntos

Total: ____ / 50 puntos

Mi progreso

Valora tu progreso después de esta unidad.

Mis habilidades
- Analizar el discurso escrito y los conectores
- Contrastar textos
- Traducir un poema

Mis conocimientos
- Religiones, convivencia, emigración
- Pretérito pluscuamperfecto
- Causa y consecuencia
- La exclamación
- La traducción
- El artículo de opinión

Soy más consciente
- De la comunicación intercultural
- De las relaciones sociales
- De lo que significa emigrar

 Bien    Adecuado   Mal

INFORMACIÓN 5

PUBLICIDAD

1 Relaciona las palabras o expresiones con sus definiciones.

1 La publicidad
2 La campaña de salud
3 El producto
4 El anuncio
5 La campaña para recaudar fondos

a Objeto o cosa que se produce o elabora.
b Conjunto de actos o esfuerzos que se usan para reunir dinero.
c Soporte visual o auditivo que se utiliza para transmitir un mensaje publicitario.
d Forma de comunicación que intenta incrementar el consumo de un producto o servicio.
e Comunicación, normalmente institucional, para promover hábitos saludables y prevenir enfermedades.

2 Observa los siguientes anuncios y contesta a las preguntas.

1 ¿En qué periodo del año crees que aparece el anuncio 1?
2 ¿Qué promociona el anuncio 2?
3 ¿Quién produce el anuncio 3?

3 Identifica los cuatro verbos en imperativo de los tres anuncios y modifícalos a las formas de *vosotros*, *usted* y *ustedes*.

tú	vos	vosotros/-as	usted	ustedes

4 Completa los espacios con los verbos entre paréntesis en imperativo.

1 ¡Juana! _____ (Cerrar, tú) la ventana. Tengo frío.
2 _____ (Cantar, vos) más alto por favor. No te oigo.
3 _____ (Traducir, vosotros) los textos para el próximo día.
4 _____ (Esperar, usted) aquí. Ahora vuelvo.
5 ¡_____ (Traer, tú) los deberes para mañana!
6 _____ (Escribir, ustedes) el vocabulario en sus cuadernos.

5 Relaciona las dos columnas para formar frases.

1 Recoged vuestras cosas,
2 Completa
3 Baja el volumen de la televisión,
4 Incluid los verbos
5 Corregí los ejercicios
6 Abra,

a que no te oigo.
b en imperativo en vuestros trabajos.
c cuando vos te sientas segura.
d que nos vamos.
e que usted tiene la llave.
f las frases en tu cuaderno.

5 Información

6 Escribe una frase en imperativo para cada imagen.

1 _____

2 _____

3 _____

4 _____

7 Completa la tabla con el imperativo de los siguientes verbos irregulares.

	hacer	ser	ir	poner	decir
tú	haz				
vos					
vosotros/-as					
usted					
ustedes					

8 🎧 9 Escucha el anuncio en la radio y complétalo con los siguientes verbos en imperativo.

deje   consulte   elija   tome

Para el dolor de cabeza, (1) _____ Dolorex. ¡Dolorex es la solución!
(2) _____ de sufrir y (3) _____ Dolorex.
Para más información, (4) _____ a su médico.

INSTRUCCIONES

9 Completa la tabla con el imperativo negativo de los verbos.

	tú	vosotros/-as	usted	ustedes
explorar	no explores			
aprender				
descubrir		no descubráis		
hacer				
estar				
ser			no sea	
ir				
poner				no pongan

10 La gripe puede ser un problema grave en invierno. Completa estas instrucciones para su prevención con el imperativo afirmativo y negativo de los siguientes verbos. Debes utilizar la forma *usted*.

olvidar   tomar   reutilizar   cubrir
utilizar   dejar   descansar

- Proteja su salud, ¡no (1) _____ que la gripe lo acompañe este invierno!
- No (2) _____ medicamentos o antibióticos sin consultar a su médico.
- (3) _____, es muy importante para reponerse.
- (4) _____ su boca al toser en público.
- (5) _____ pañuelos desechables.
- No (6) _____ pañuelos usados.
- No (7) _____ que debe vacunarse si tiene más de 65 años.

11 Completa las sugerencias del artículo para viajar por un país de Latinoamérica. Utiliza los verbos entre paréntesis en imperativo afirmativo y negativo.

Si quieres pasar unas vacaciones con mucha aventura y mucho sol sin problemas, **organiza** bien tu viaje y **no olvides** algunas cosas importantes:

1. _____ (Investigar) en internet o _____ (comprar) una guía de viajes sobre tu destino.
2. Si vas en temporada alta, _____ (reservar) antes una habitación.
3. Si no quieres gastar mucho dinero, _____ (buscar) en internet una lista de hoteles o pensiones económicos.
4. Si no te sientes muy seguro/-a con tu español, _____ (conseguir) un diccionario bilingüe de bolsillo.
5. Antes de comprar tu billete, _____ (averiguar) qué vacunas necesitas o _____ (visitar) a tu médico.
6. _____ (Comprar) en tu país medicinas y algo contra la diarrea. No _____ (olvidar) llevar unas aspirinas.
7. _____ (Llevar) ropa cómoda de algodón, botas de montaña y un impermeable si vas en época lluviosa.
8. _____ (Comprar) una buena mochila, ligera pero resistente.
9. _____ (Usar) protector solar, gafas de sol y sombrero para evitar una insolación y quemaduras solares.
10. _____ (Beber) mucha agua, pero no _____ (tomar) agua del grifo. _____ (comprar) siempre el agua embotellada.
11. No _____ (viajar) de noche.
12. No _____ (llevar) joyas ni cosas de mucho valor.

¡Buen viaje!

12 Escribe dos sugerencias más para pasar unas vacaciones de aventura utilizando el imperativo.

1 _____
2 _____

13 Relaciona las dos partes para formar un eslogan.

1 Si bebes, ☐
2 Regala lo mejor de ti, ☐
3 Busque, compare y si encuentra algo mejor, ☐
4 No compres el más barato, ☐

a cómprelo.
b compra el mejor.
c no conduzcas.
d regala ilusión.

14 🎧 10 Estás en Buenos Aires y vas en coche desde el Congreso de la Nación Argentina al Obelisco. Lee las instrucciones del GPS y señala el imperativo usado en Argentina. Luego, escucha y comprueba.

1 Primero, **dirígete / dirigite** hacia el norte en Av. Entre Ríos hacia Av. Rivadavia.
2 Luego, **continuá derecho / sigue todo recto** por Av. Callao.
3 Finalmente, **gira / doblá** a la derecha hacia Av. Corrientes y te encontrás con el Obelisco.

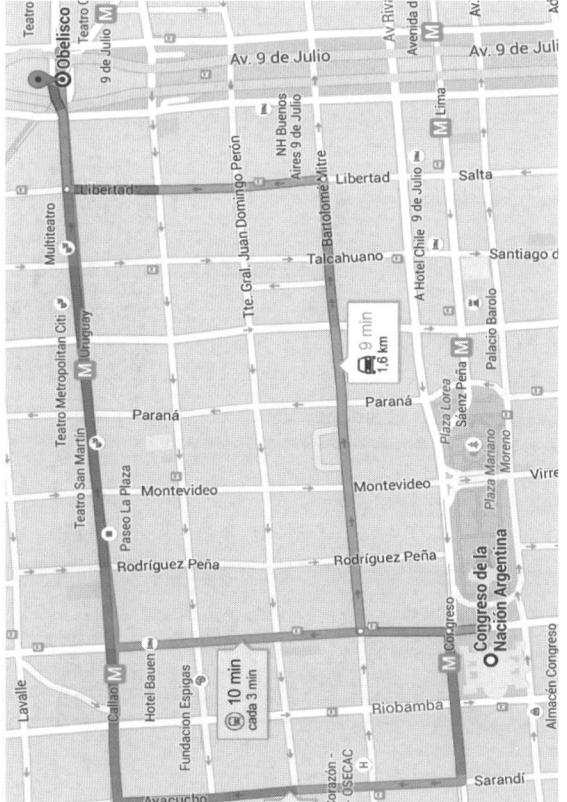

CAMPAÑAS EN REDES SOCIALES

15 Haz un mapa mental en tu cuaderno con las expresiones y palabras que conoces relacionadas con las redes sociales.

16 ¿Eres adicto a las redes sociales? Lee esta infografía y comenta tus respuestas con tu compañero.

LOS 5 SÍNTOMAS PARA SABER SI ERES ADICTO A LAS REDES SOCIALES

¿Lo primero y lo último que haces en el día es checar* Instagram o Facebook?
Acostumbras a entrar a Instagram antes de cerrar los ojos para ver si dejas todo en orden previo a tu desconexión temporal, y al despertar, antes de saber si tu pareja está viva todavía, checas de nuevo Instagram para saber si no se ha caído el mundo en tu ausencia.
*Checar es chequear en México.

¿Te desesperas cuando no hay red?
Sudas, te mareas y puede que te falte el aire cuando no tienes señal de internet en tu *laptop* o dispositivo móvil.

¿Te sientes desnudo, desprotegido si te quedas sin batería u olvidas tu celular?
Andas como loco en la escuela, el restaurante, el aeropuerto o la casa de tu amigo buscando un contacto de energía eléctrica para poder conectar tu *smartphone*, y si se te olvidó el celular..., ¡no hay vida!

¿Usas tu smartphone mientras caminas?
Mágicamente la gente tiene que abrir el paso ante ti para que puedas pasar libremente mientras tú publicas esa foto que no puede esperar.
¿Cada espacio que tienes entre actividades lo usas para checar las redes?
¡Ahhhh! No hay nada mejor que matar el tiempo en redes sociales o dejar de hacerle caso a la reunión; total, Instagram está más entretenido.

¿Te deprimes si no tienes likes?
Fuiste a esas supervacaciones o al superevento. Pones tu publicación y una hora, dos horas, tres horas, tres días después, y ¡CERO *likes*! Seguramente te sientes #ForeverAlone

Extraído de: www.socialunderground.co

17 Escribe otro «síntoma» que indica que eres adicto a las redes. Sigue el modelo de la infografía.

5 Información

18 Completa la tabla con los pronombres de OD y OI.

sujeto	objeto directo	objeto indirecto
yo	me	
tú		te
él, ella, usted		le (se)
nosotros/-as		
vosotros/-as		os
ellos, ellas, ustedes	los, las	les (se)

19 Contesta a las preguntas con el pronombre de OD que corresponda.

1 • ¿Viste a Ana ayer?
   ■ No, no _____ vi, pero creo que hoy si _____ voy a ver.
2 • ¿Dónde están los mapas que dejé en el escritorio?
   ■ _____ puse en tu biblioteca.
3 • ¿Qué tal es ese libro que estás leyendo?
   ■ ¡Es buenísimo! _____ leí en tres días.
4 • ¿Qué le hacen al protagonista de la última película de Brown?
   ■ ¡_____ han maquillado increíblemente!
5 • ¿Aquella señora es tu abuela?
   ■ Sí, es muy divertida y _____ quiero mucho.
6 • ¿Te compraste esa moto?
   ■ Sí, pero nadie _____ sabe.

20 ¿A qué pronombre se refieren los pronombres de OI en las siguientes oraciones? Escribe el pronombre según corresponda.

~~A mí~~
A ti
A él / ella
A nosotros / nosotras
A vosotros / vosotras
A ellos / ellas

1 Tu primo me dio unas revistas que estaba buscando. *A mí*
2 Les dejé mi cámara para las vacaciones. _____
3 ¿Os enviaron un wasap con la información? _____
4 ¡Dadle una oportunidad! No es mal chico. _____
5 Le voy a ofrecer ayuda con la mudanza, ¡Laura está muy cansada! _____
6 ¡Díganos la verdad! _____
7 ¿Te dejaron la *tablet* tus padres? _____
8 Nos mandaron una postal desde Roma. _____

21 Traduce las siguientes frases que contienen OD y OI a tu lengua.

1 Se lo envió con la carta, no sé si le llegó.
_____

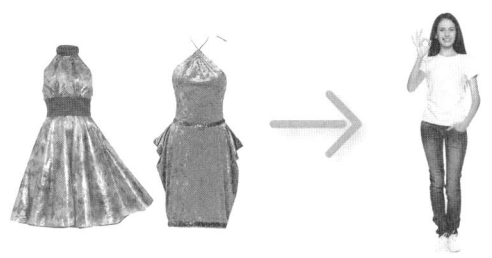

2 Se los voy a ofrecer para la boda de su hermano.
_____

3 Ya se lo he contado, pero no ha pasado nada, ¡menos mal!
_____

4 ¿Les dijiste que la compramos?
_____

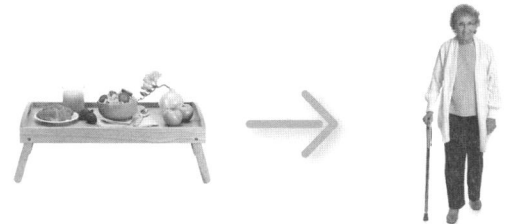

5 Se lo he preparado yo esta mañana.
_____

Información 5

22 Lee el siguiente anuncio y responde a las preguntas.

1. ¿A quién va dirigido?
2. ¿Cuál es el mensaje?
3. ¿Qué ofrece?

SI HAY SALIDA A LA VIOLENCIA DE GÉNERO ES GRACIAS A TI. ÚNETE
LLAMA AL 016
016 ATENCIÓN A VÍCTIMAS DE MALOS TRATOS — hay salida — LIBRES DESCARGA LA APP

23 Escribe tres eslóganes para una campaña publicitaria. En los eslóganes puedes utilizar algunos de los siguientes verbos en imperativo con pronombres de OD y OI.

llamar   ayudar   ofrecer   escribir   contar   acompañar
decir   hacer   dejar   controlar tomar   poner

1 _____
2 _____
3 _____

24 Las nuevas formas de comunicación también han traído nuevas profesiones. Ser bloguero/-a se ha convertido, en muchos casos, en una profesión muy rentable. Lee este extracto del periódico *El Mundo* y contesta a las preguntas.

El negocio (redondo) de ser bloguera de moda en España

- Les pagan hasta 450 euros por un tuit, y de 6000 a 25 000 por amadrinar* un «evento»
- Alguna exige por contrato coche con chófer y champán rosado al llegar a un acto
- Ya existe la primera agencia de representación de blogueras en España

Ser bloguera de moda en España es un negocio muy rentable. [...] Efectivamente, se puede vivir, y muy bien, de un blog, siempre que el tráfico de visitas de tu rincón cibernético te convierta en un fenómeno de ventas o de estilo. Pero ¿qué es una bloguera? Alguien que escribe un blog. En la mayoría de los casos no se trata de una periodista, ni de una diseñadora, ni de una modelo, aunque algunas firmas las traten como tales. Definimos en femenino a las blogueras por el alto porcentaje de mujeres entre ellas. Y cabe aclarar que hay dos perfiles muy diferenciados: 1. bloguera con nociones de moda (no es lo mismo amar el *shopping* que conocer la historia y la industria de la moda en profundidad), es decir, una chica con influencia que se convierte en *celebrity* debido a su empatía con las consumidoras, y 2. *celebrity* con legión de fans (casi siempre actriz, modelo o *socialite*) que se convierte en bloguera para alcanzar un estatus.

* Acompañar o asistir como madrina de alguien.

Extraído de: www.elmundo.es

1. ¿Crees que *redondo*, en el título, es un término negativo o positivo en este contexto?
2. ¿Por qué es rentable ser bloguera en España?
3. ¿Quién escribe un blog en la mayoría de los casos?
4. ¿Crees que ser bloguero es una profesión interesante?

25 ¿Qué palabras con tilde encuentras en el blog anterior? Clasifícalas.

AGUDAS _____

LLANAS _____

ESDRÚJULAS _____

26 🎧 11 Escucha las palabras, escríbelas y clasifícalas según las reglas de acentuación en agudas, llanas, esdrújulas y sobresdrújulas.

AGUDAS	LLANAS	ESDRÚJULAS	SOBRESDRÚJULAS

Más léxico

5 Información

27 Relaciona.

1 promocionar ☐
2 causar ☐
3 hacer ☐
4 persuadir ☐
5 visitar ☐
6 transmitir ☐

a una campaña de publicidad
b un mensaje
c un producto
d a un posible comprador
e impacto
f una página web

28 Completa las instrucciones con los siguientes verbos.

leed   doblá   cortar   consigue   olvide   te preocupes

1 UNA RECETA:
_____ las cebollas en trozos pequeños y freír lentamente en la sartén.

2 UN GPS:
_____ a la derecha y después continuá derecho por la avenida Corrientes.

3 EN LA CLASE:
_____ el texto y haced un resumen para el próximo día.

4 PARA PREPARAR UN EXAMEN:
No _____ si no conoces alguna palabra, puedes deducirla por el contexto.

5 UN MÉDICO:
No _____ tomar estas pastillas dos veces al día.

6 UNA WEB DE VIAJES
Si no hablas el idioma del país, _____ un diccionario bilingüe de bolsillo.

29 Cambia las partes subrayadas de las siguientes frases por alguna de las siguientes expresiones.

quedarse sin batería   publicar   estar enganchado
chequear   señal de internet   enviar

1 Creo que <u>soy adicto</u> a mi móvil porque no puedo vivir sin él.

2 Voy a <u>comprobar</u> si tengo un mensaje.

3 ¿Me <u>mandas</u> un mensaje por WhatsApp?

4 No te oigo bien, es que aquí tengo muy mala <u>cobertura</u>.

5 Mi móvil no funciona porque <u>tengo que cargarlo</u>.

6 ¿Por qué <u>subís</u> la foto a Instagram?

30 Traduce los eslóganes de las siguientes campañas.

1 _____   2 _____

3 _____

4 _____

5 _____

Videoblog

5 Información

DESCONECTA

1 Vamos a ver un videoblog de Martina. Marca, en la siguiente lista, los temas de los que se habla en el vídeo.

1. ☐ Las nuevas tecnologías en el trabajo.
2. ☐ Actividades de tiempo libre.
3. ☐ La adicción a las drogas.
4. ☐ Uso de la tecnología en la educación.
5. ☐ La adicción a las tecnologías.
6. ☐ Consejos para el buen uso de las tecnologías.
7. ☐ Hábitos de estudio.
8. ☐ La importancia de la amistad.

2 A Vamos a volver a ver el videoblog de Martina. Escucha los consejos que dan Martina y sus amigos para un buen uso de las redes sociales y completa las frases con el imperativo correspondiente.

1. **Jaime:** _____ el tiempo que dedicáis a las redes sociales.
2. **Jaime:** No os _____.
3. **Martina:** No _____ a sus amigos en la vida real.
4. **Sara:** No _____ a vuestros conocidos en internet el tiempo que se merecen vuestros familiares y amigos.
5. **Sara:** No te _____, _____.
6. **Sara:** _____ un sitio agradable para pasear.
7. **Sara:** _____ con tus amigos.
8. **Sara:** _____ actividades al aire libre.
9. **Luis Alberto:** _____ amigos en tu día a día.
10. **Luis Alberto:** No _____ amigos únicamente en las redes sociales.
11. **Jaime:** No _____ demasiado tiempo delante del ordenador.

B De la lista anterior elige los tres consejos que te parecen más importantes. Coméntalo con tus compañeros.

3 A ¿Haces un buen uso de las redes sociales? Vas a hacerle un cuestionario a tu compañero para conocer sus hábitos. Primero escribe las preguntas, puedes fijarte en el ejemplo.

¿Qué redes sociales utilizas?
¿Cuánto tiempo al día le dedicas a las redes sociales?

B ¿Crees que tu compañero hace un buen uso de las redes sociales? ¿Qué consejos le darías?

4 Jaime, Sara y Luis Alberto hablan sobre el uso del teléfono móvil. Mira el vídeo y contesta a las preguntas.

1. ¿Qué problema tiene el compañero de clase de Jaime?
   _____
2. ¿Qué consejos da Luis Alberto para el uso del móvil?
   _____
3. Según Sara y Jaime, ¿qué ocurre si un día te dejas el móvil en casa?
   _____
4. ¿Qué hace Jaime con el móvil cuando está en clase?
   _____

5 ¿Alguna vez has estado un día entero sin móvil? ¿Cuánto es el máximo tiempo que has estado sin móvil? ¿Cuándo fue y qué hiciste? Coméntalo con tus compañeros.

Evaluación — 5 Información

Lengua y comunicación

1 La publicidad es una forma de ___.
a) ☐ comunicación
b) ☐ instrucción
c) ☐ descripción

2 ___ siempre los consejos que os dan vuestros padres.
a) ☐ Escuche
b) ☐ Escuchen
c) ☐ Escuchad

3 ¿Vos no venís a la fiesta? ___, ¡que va a estar muy bien!
a) ☐ Anímate y ven
b) ☐ Animate y vení
c) ☐ Anímese y venga

4 ___ eso por favor, ¿usted no entiende que no se puede?
a) ☐ No hagas
b) ☐ No hagáis
c) ☐ No haga

5 Busca, compara y si encuentras algo mejor, ___.
a) ☐ cómpralo
b) ☐ cómprelos
c) ☐ cómprelo

6 • ¿Has visto la última película de Almodóvar?
 ■ No, no ___ he visto.
a) ☐ la
b) ☐ le
c) ☐ lo

7 ¿___ has dicho a Sofía lo que pasó?
a) ☐ Le
b) ☐ Lo
c) ☐ La

8 En una campaña ___ hemos advertido de los riesgos de no vacunarse si se viaja a destinos exóticos.
a) ☐ para recaudar fondos
b) ☐ solidaria
c) ☐ de salud

9 ___ dije a Juan y no me hizo caso.
a) ☐ Se la
b) ☐ Se lo
c) ☐ Se las

10 ¿Ustedes no conocen los riesgos? No ___, ya saben lo malo que es para la salud.
a) ☐ fuméis
b) ☐ fumen
c) ☐ fumes

11 Tengo que reconocer que ___ enganchado a las redes.
a) ☐ estoy
b) ☐ soy
c) ☐ siento

12 La palabra *esdrújula* es una palabra ¡___!
a) ☐ aguda
b) ☐ llana
c) ☐ esdrújula

13 ___, continúe todo recto hasta la calle Mendoza y, finalmente, gire a la izquierda.
a) ☐ Luego
b) ☐ Primero
c) ☐ Por último

14 ___ es una palabra aguda con tilde o acento gráfico.
a) ☐ *Información*
b) ☐ *Móvil*
c) ☐ *Página*

15 ___ las fuentes de información de manera clara.
a) ☐ Formula
b) ☐ Cita
c) ☐ No olvides

16 Un vídeo ___ es una grabación ampliamente difundida por diferentes medios, en especial por internet.
a) ☐ musical
b) ☐ controversial
c) ☐ viral

17 Si no ___, no es creativo. (Eslogan de David Ogilvy)
a) ☐ vendemos
b) ☐ vende
c) ☐ vended

18 ___ compré el último libro de Pérez Reverte y ¡___ terminé de leer en un día!
a) ☐ Se / lo
b) ☐ Me / lo
c) ☐ Me / le

19 No ___ tantas galletas, ¡vas a engordar, Sandra!
a) ☐ coman
b) ☐ comas
c) ☐ comáis

20 Si quieres ser feliz, ___ de la vida cada segundo.
a) ☐ disfruten
b) ☐ disfruta
c) ☐ disfrutá

Total: ___ / 10 puntos

Evaluación   5 Información

Destrezas

1. COMPRENSIÓN DE LECTURA

1 Lee la entrada de un blog sobre las redes sociales e indica la opción a, b o c en la casilla de la derecha. (___ / 1 punto)

El propósito del texto es:
a relatar una historia personal relacionada con las redes sociales. ☐
b advertir de los peligros de las redes sociales. ☐
c publicitar las redes sociales. ☐

2 Busca en el párrafo 1 las palabras o expresiones con significados similares a las siguientes. (___ / 4 puntos)

1 insaciable
2 incoherentes
3 estaban trayendo problemas
4 nos atraen

3 Lee los párrafos 2 y 3 y señala si las afirmaciones siguientes son verdaderas (V) o falsas (F). Utiliza palabras del texto. (___ / 5 puntos)

1 A la autora le costó mucho estar sin móvil 24 horas (párrafo 2). ☐
  Justificación: _____
2 La autora afirma que internet solo ofrece aspectos negativos (párrafo 2). ☐
  Justificación: _____
3 Según la autora, es muy difícil poder ver una película sin chequear el móvil (párrafo 2). ☐
  Justificación: _____
4 El autor afirma que las redes sociales todavía no nos hacen perder tiempo productivo (párrafo 3). ☐
  Justificación: _____
5 El autor recomienda que todos debemos reflexionar sobre el uso de las redes sociales (párrafo 3). ☐
  Justificación: _____

Chequeo rápido para saber si las redes sociales han chamuscado* su cerebro

¿Recuerda la última vez que vio una película entera sin consultar el móvil?

SERGIO C. FANJUL

1 Nicholas Carr estudió Literatura en las universidades de Dartmouth y Harvard y le pasó lo peor que le puede pasar a un lector voraz: de pronto, era incapaz de leer novelas. Le costaba concentrarse, la cabeza se iba volando a otros asuntos inconexos, cada dos o tres páginas estaba en otro sitio. ¿Qué le pasaba? Las redes sociales, descubrió, estaban jugándole una mala pasada: acababan con su concentración y llenaban su cabeza de pajaritos haciendo *tuit, tuit*. Inspirado en su propio caso, Carr escribió *Superficiales. ¿Qué está haciendo internet con nuestras mentes?* (Taurus). El libro, que redactó en un exilio voluntario en una apacible cabaña de Colorado (sin conexión a internet, claro), y que trataba sobre la pérdida de atención y la superficialidad a la que nos avocan las redes, se publicó en 2010. Las cosas a este lado de las pantallas no parecen haber mejorado.

2 «En momentos como los debates políticos, pero también en los partidos de fútbol u otros eventos, se hace evidente la necesidad que tenemos de estar conectados. Yo, una vez, me propuse estar un día sin móvil, y lo cierto es que lo pasé mal: me inventaba excusas que darme a mí misma para usarlo. Por ejemplo, mirar el WhatsApp para ver que mi familia estaba bien», dice Lucía Taboada, autora del libro *#Hiperconectados* (Zenith). Taboada reconoce las indudables ventajas que internet nos ha traído, pero también pone el ojo en los inconvenientes: «Perdemos más el tiempo y estamos más distraídos», comenta. «Ver una película entera sin revisar el móvil es toda una hazaña». Recuerda un tuit que rondaba por ahí y decía algo así como: «Me levanto una hora antes para perder una hora en las redes sociales».

3 «Antes hacíamos una distinción muy clara entre lo que era la vida real y la virtual, pero esa diferencia se estrecha cada vez más», comenta Ceballos. «Creo que en el momento en el que aún te lo planteas y te das cuenta de que estás perdiendo mucho tiempo productivo, todavía no es un problema grave», continúa el autor, «Cada uno debe hacer examen de conciencia y comparar el ahora con las cosas que hacía antes. Y así decidir si hace un uso saludable».

* *Chamuscado*: quemado

Total: ___ / 10 puntos

Evaluación — 5 Información

 2. EXPRESIÓN ESCRITA

(Escribe al menos 250 palabras)

Escribe una entrada de blog sobre el impacto de las redes sociales en tu vida.

Incluye:
- el título, el autor, la fecha, etc.
- las ideas o los argumentos que apoyan tu opinión
- tus reflexiones
- invita al lector a dejar sus comentarios

▶ EVALUACIÓN DE TU PRODUCCIÓN ESCRITA

- **Lengua** (____ / 4 puntos)
  - Léxico: relacionado con las redes sociales
  - Gramática: presente de indicativo, pronombres de objeto directo e indirecto e imperativos

- **Contenido** (____ / 4 puntos)
  - Título, autor, fecha
  - Ideas, argumentos
  - Reflexiones personales
  - Invitación a comentarios

- **Formato: entrada de blog** (____ / 2 puntos)
  - ¿Hay título, autor y fecha?
  - ¿Has incluido ideas y reflexiones personales?

Total: ____ / 10 puntos

 3. EXPRESIÓN ORAL Y COMPRENSIÓN AUDITIVA (interacción)

(Mínimo, un minuto cada uno)

Con un compañero, habla sobre las redes sociales que utilizas.

- Di qué redes sociales utilizas más y con qué frecuencia
- Di para qué utilizas las redes sociales
- Di cuánto tiempo puedes pasar sin utilizar el móvil o internet
- Di si crees que eres adicto o no a las redes sociales y por qué

▶ EVALUACIÓN DE TU PRODUCCIÓN Y DE LA COMPRENSIÓN DE TU COMPAÑERO

- **Lengua** (____ / 4 puntos)
  - Léxico: relacionado con las redes sociales
  - Gramática: presente de indicativo

- **Contenido** (____ / 4 puntos)
  - Redes sociales que utilizas más y con qué frecuencia
  - Para qué utilizas las redes sociales
  - El tiempo que puedes pasar sin utilizar el móvil o internet
  - Eres adicto o no a las redes sociales y por qué

- **Expresión** (____ / 2 puntos)
  - Hablas con fluidez
  - Tienes una buena pronunciación y entonación

- **Interacción** (____ / 10 puntos)
  - Comprendes lo que dice tu compañero
  - Respondes de forma coherente a lo que dice tu compañero

Total: ____ / 20 puntos

Total: ____ / 50 puntos

Mi progreso

Valora tu progreso después de esta unidad.

Mis habilidades			
- Hacer sugerencias			
- Asociar ideas y referencias			
- Redactar instrucciones			

Mis conocimientos	
- Léxico relacionado con la publicidad, las instrucciones y las redes sociales	
- Imperativo afirmativo	
- Imperativo negativo	
- Pronombres de OD y OI	
- Identificar y valorar las fuentes de información	
- Las habilidades de investigación	
- El acento gráfico	
- Información sobre vídeos virales	

Soy más consciente	
- Del objetivo de la publicidad	
- De cómo nos comunicamos	
- De la importancia de las redes sociales en nuestra vida	

 Bien    Adecuado   Mal

BIENESTAR 6

EL ESTADO DE BIENESTAR

1 Completa las frases con las siguientes palabras.

pensionistas   Estado   desempleo   sociales   ingresos   bienestar   salud   conocimiento   economía sumergida   beca

1 El estado de _____ en este país solo se puede mantener con más impuestos.
2 Las personas que se quedan sin trabajo tienen derecho a recibir un subsidio de _____.
3 La oposición al Gobierno no ha aprobado los presupuestos del _____.
4 Las actividades del Gobierno con fines _____ son una prioridad.
5 En mi país, el sistema de _____ es universal y gratuito.
6 El acceso al _____ tiene que ser un derecho para todos.
7 Es importante aumentar los _____ para poder pagar las pensiones.
8 Para recibir una _____ de estudios tienes que tener muy buenas notas.
9 La _____ contribuye a que se dejen de recaudar impuestos.
10 Debido a la baja mortalidad cada día hay más _____.

2 Completa este fragmento de una conferencia sobre el estado de bienestar con las partes que faltan.

Como todos sabemos   Voy a hablarles   En conclusión   Por otro lado   El problema es que   Por este motivo

Buenas tardes a todos. (1) _____ de la nueva reforma aprobada por el Gobierno sobre el cambio de la edad de jubilación en nuestro país.
(2) _____, nos encontramos ante un acelerado proceso de envejecimiento, que se debe al aumento de la esperanza de vida, la reducción de la mortalidad y la disminución de la natalidad. Por esa razón, el Gobierno aprobó recientemente la ley sobre actualización y modernización del sistema de Seguridad Social, con el objetivo de alargar la vida laboral de los trabajadores. La finalidad de la reforma es consolidar y reforzar el sistema público y eliminar riesgos de desequilibrio financiero. ¿Se ha conseguido? Por supuesto que no. Por un lado, es cierto que la reforma retrasa los problemas financieros, pero hoy en día es complicado obligar a la gente a trabajar hasta los 67 años. (3) _____, el hecho de intentar solucionar los problemas financieros de las prestaciones retrasando la edad de jubilación ha supuesto también el aumento de la tasa de paro. Por tanto, hemos querido solucionar una cosa, pero hemos empeorado otra. (4) _____ aquellos trabajadores que empezaron a trabajar muy jóvenes, y que a fecha de hoy ya han contribuido a la financiación del sistema van a verse perjudicados. (5) _____, ante la preocupación de la futura reducción o extinción de la prestación de jubilación, muchas personas han buscado soluciones para poder disfrutar de una vejez tranquila a través de planes de pensiones o de otras formas de ahorro. (6) _____, el estado de bienestar como lo conocíamos ya no existe.

3 Vuelve a leer el texto y responde a las siguientes preguntas.

1 ¿Por qué ha aprobado el Gobierno una nueva reforma sobre la edad de jubilación?
2 ¿Qué espera obtener el Gobierno de esa reforma?
3 ¿El conferenciante cree que va a ser una reforma positiva?
4 ¿Qué ventajas y qué desventajas ve el conferenciante en esta reforma?
5 ¿Cuál es la solución para muchas personas que quieren asegurarse una vejez tranquila?

Bienestar

4 Completa las tablas con las formas de presente de subjuntivo.

trabajar	responder	permitir
trabaje		
	respondas	
		permita

ser	estar	ir	saber
	esté		
seamos			
			sepáis
		vayan	

5 Completa las siguientes opiniones sobre el estado de bienestar con presente de indicativo o de subjuntivo.

1. Creo que el estado de bienestar no _____ (ir) a durar mucho tiempo
2. ¿Tú opinas que nuestro país _____ (tener) una educación de calidad?
3. No me parece que la sanidad _____ (ser) muy buena en este país.
4. Pienso que la sociedad _____ (tener) que ser más consciente de que el estado de bienestar está en peligro.
5. No creo que todo el mundo _____ (pensar) que estamos en una situación tan grave.
6. Me parece que en nuestro país _____ (estar) acostumbrados a tener un nivel de bienestar muy alto.
7. Mis padres no opinan que la solución para mantener el estado de bienestar _____ (ser) evitar el fraude fiscal.
8. Muchos no creemos que los seres humanos _____ (estar) preparados para cambiar la situación.

6 ¿Estás de acuerdo con las siguientes afirmaciones? Escribe frases como las del ejemplo con tu opinión.

- *El problema más grande que hay en este país es la corrupción.*
- *Sí, estoy de acuerdo. / No, no creo que el problema más grande sea la corrupción.*

1. Aquí, la gente está muy contenta con el sistema de salud público.
2. En este país es fácil encontrar trabajo.
3. Los padres siempre protestan por la calidad de la educación.
4. El futuro de las pensiones está en peligro.
5. En este país, el Gobierno permite el fraude fiscal.

ESTRÉS

7 Relaciona los emoticonos con los estados de ánimo.

1. estar enfadado/-a
2. estar triste
3. estar cansado/-a
4. tener miedo
5. estar sorprendido/-a
6. estar enamorado/-a

a ☐   d ☐
b ☐   e ☐
c ☐   f ☐

8 Completa las frases con los siguientes verbos.

enfadarse   tener sueño   ponerse nervioso   tener hambre
aburrirse   tranquilizarse   sorprenderse   enamorarse

1. Siempre _____ porque me acuesto muy tarde y me levanto muy temprano.
2. Cuando _____, llamo a algún amigo para salir y hacer algo juntos.
3. No sé por qué siempre que tienes un examen _____. ¡Nunca suspendes!
4. Mi madre, últimamente, está estresada. Tiene que _____.
5. Cuando te dijo que tenía seis hermanos, ¿no _____?
6. Andrés dice que _____ de Julia. Todos los días le regala una flor. ¡Qué romántico!
7. Lo siento, he llegado media hora tarde, pero, por favor, ¡_____ conmigo!
8. ¿No habéis comido? ¡Seguro que _____!

Bienestar 6

9 Lee el siguiente artículo sobre las causas del estrés en los adolescentes y pon los siguientes títulos en el párrafo correspondiente.

Expectativas   Trabajo escolar   Exceso de actividad   Relaciones   Círculos sociales

¿Cuáles son las causas del estrés en los adolescentes?

Escrito por Gregory Hamel | Traducido por Paula Ximena Cassiraga

Para los adultos, el estrés suele venir de responsabilidades laborales, tareas familiares u obligaciones financieras, que pueden llevarte a pensar que los adolescentes tienen una vida fácil, ya que no tienen que lidiar con los problemas de los adultos. En realidad, los adolescentes se enfrentan también a numerosas situaciones estresantes; el estrés, simplemente, proviene de distintas fuentes.

1 _____
[…] La presión de rendir bien en clase determina las oportunidades futuras. Para estudiantes a los que les cuestan ciertas materias, como matemáticas o ciencias, tener buenas calificaciones puede ser una lucha intensa, las tareas simples pueden ser muy estresantes y los exámenes aún más. Cuando un adulto trabaja, por lo general, hace algo en lo que tiene habilidades y entrenamiento, pero los adolescentes deben completar tareas que no les gustan o encuentran difíciles.

2 _____
[…] Debido a que los adolescentes son jóvenes, inexpertos y sufren cambios hormonales y emocionales, las amistades y los romances pueden causar ansiedad, miedo o incluso depresión. Las rupturas y primeras citas tienden a ser especialmente estresantes.

3 _____
Lo que esperan los padres, maestros y otros adultos de los adolescentes les produce mucho estrés. Normalmente, los adolescentes quieren complacer a sus padres, aunque a veces actúan con rebeldía. Cuando los padres transmiten a los hijos sus expectativas, tanto en el rendimiento académico como en el extracurricular, los adolescentes sienten un estrés adicional.

4 _____
En muchas escuelas secundarias se crean grupos o pandillas, cada una de las cuales puede vestirse de cierta manera, escuchar un tipo de música y tener intereses específicos. Los adolescentes suelen querer ser uno más en el grupo, por ese motivo usan la ropa adecuada del grupo, tienen el mismo estilo de cabello y actúan de la misma manera que el grupo, aunque no vaya con su personalidad.

5 _____
Aunque los adolescentes, por lo general, no trabajan a tiempo completo, las actividades obligatorias y la escuela llenan sus horarios, dejándoles poco tiempo para divertirse o descansar. Las horas escolares suelen ocupar hasta seis horas cada día, más las actividades extracurriculares y varias horas de tareas. Este ritmo de actividad también puede llevar a un cansancio extremo.

Extraído de: www.ehowenespanol.com

10 Vuelve a leer la introducción del artículo anterior y responde a la pregunta siguiente.

¿Qué tres cosas generan el estrés en los adultos?
1 _____
2 _____
3 _____

11 Señala si las frases siguientes son verdaderas (V) o falsas (F). Básate en los párrafos señalados con los números del 1 al 5 del artículo anterior y justifica tu respuesta utilizando palabras del texto.

El adulto está preparado para su trabajo (párrafo 1). [V]
Justificación: ... hace algo en lo que tiene habilidades y entrenamiento...

1 A algunos adolescentes les genera mucho estrés tener que sacar buenas notas en algunas asignaturas (párrafo 1). ☐
  Justificación: _____
2 Las relaciones sociales y amorosas pueden causar estrés (párrafo 2). ☐
  Justificación: _____
3 Los adolescentes no quieren hacer nunca lo que sus padres les piden (párrafo 3). ☐
  Justificación: _____
4 Los adolescentes quieren ser como los miembros de su pandilla (párrafo 4). ☐
  Justificación: _____
5 Normalmente, los adolescentes trabajan todo el día (párrafo 5). ☐
  Justificación: _____

cincuenta y siete **57**

Bienestar

12 Completa la tabla con las formas verbales del presente de subjuntivo que faltan.

	querer	poder	servir
yo	quiera		sirva
tú		puedas	
él, ella, usted	quiera		sirva
nosotros/-as		podamos	
vosotros/-as	queráis		sirváis
ellos, ellas, ustedes		puedan	

13 Escribe las formas verbales en presente de subjuntivo.

1 tenemos	tengamos	6 pongo	
2 hago		7 vienes	
3 salen		8 conoce	
4 dicen		9 construyen	
5 traéis		10 elijo	

14 🎧12 Escucha los problemas y señala cuál de los siguientes consejos es el más adecuado para cada uno.

a Te sugiero que hagas mucho deporte y un poco de meditación.
b Te aconsejo que la invites al cine o a tomar algo.
c Te sugiero que le preguntes y que decida él.
d Es mejor que se lo digas y que no mientas. A todos nos puede pasar algo así.

15 Completa los siguientes consejos y recomendaciones con los verbos en infinitivo o en presente de subjuntivo. Elige el verbo más adecuado en cada caso.

pasear   compartir   cuidar   pasar
hacer   dormir   ordenar   perder

1 Si tienes un problema, es importante que lo _____ con alguien.
2 Es necesario _____ ejercicio para tener una buena salud mental y física.
3 Es bueno _____ por el parque o nadar en la piscina.
4 Te sugiero que no _____ el sentido del humor. Reírse es muy importante.
5 Te recomiendo que _____ la habitación. El orden ayuda a relajarse.
6 Es necesario _____, como mínimo, siete u ocho horas todos los días.
7 Te aconsejo que _____ tu salud.
8 No es bueno _____ muchas horas sentado en el sofá viendo la tele.

HACER EJERCICIO

16 ¿Qué adjetivo define a estas personas?

tranquilo/-a   sano/-a   inquieto/-a   sociable   familiar
creativo/-a   estudioso/-a   solitario/-a

1 Hago mucho ejercicio y como mucha fruta y verdura. _____
2 Me gusta mucho hablar con la gente y tengo muchos amigos. _____
3 Yo prefiero estar solo, no me gustar salir. _____
4 Yo no paro. Siempre estoy haciendo cosas. Tengo curiosidad por todo. _____
5 Me encantan las matemáticas y la física. Lo más importante para mí es llegar a la universidad. _____
6 Yo nunca me pongo nervioso. Pienso que todo tiene solución y no me gusta estresarme. _____
7 Me gusta mucho escribir y he ganado un premio de literatura en mi ciudad. _____
8 A mí me encanta estar con mis hermanos y con mis padres. Los fines de semana los paso con ellos. _____

17 Elige la opción correcta: *ser* o *estar*.

1 Mi hermano pequeño **es** / **está** muy nervioso. No para nunca de correr y duerme muy poco.
2 Últimamente **soy** / **estoy** muy activo en las redes sociales. Tengo cuenta en Twitter, en Facebook y en Instagram, y tengo mi propio blog.
3 No sé qué me pasa estos días, pero **soy** / **estoy** muy inquieto. Creo que es porque el domingo llega mi novia de viaje.
4 ¿Qué te pasa? Te veo raro. ¿**Estás** / **Eres** triste?
5 No sé por qué me llama tanto Marta... Creo que **es** / **está** aburrida y no sabe qué hacer con su tiempo.
6 ¡Qué rico este pastel! **Es** / **Está** muy bueno.
7 Tu padre **es** / **está** muy atento. Siempre me saluda cuando me ve.
8 ¿**Eres** / **Estás** listo? Tenemos que salir ya.
9 Nos ha tocado la lotería. ¡**Somos** / **Estamos** ricos!

Bienestar

18 Relaciona las palabras de las dos columnas. Puede haber más de una opción.

1. Prevenir
2. Dormir
3. Reducir
4. Tener
5. Hacer
6. Mantenerse
7. Mejorar
8. Quemar

a. ejercicio con regularidad
b. el colesterol
c. agujetas
d. bien
e. activo
f. calorías
g. una enfermedad
h. el aspecto físico

19 Los alumnos de Bachillerato de un centro tienen una página web para escribir y compartir sus trabajos. Lee la siguiente entrada de un alumno sobre el ocio y los jóvenes y marca si estas son sus opiniones.

1. ☐ Cree que los jóvenes pasan mucho tiempo sentados.
2. ☐ No cree que todos usen su tiempo libre divirtiéndose.
3. ☐ Piensa que los que estudian tienen derecho a descansar durante el fin de semana.
4. ☐ No cree que los jóvenes lleven una vida sedentaria.
5. ☐ Opina que estudiar también favorece el sedentarismo.
6. ☐ No opina que los jóvenes sean unos vagos.

INFORMACIÓN   NOTICIAS   QUIÉNES SOMOS   CONTACTO

EL OCIO Y LOS JÓVENES

Actualmente, los jóvenes no son como la mayoría de la gente piensa. Es verdad que pasan mucho tiempo frente al ordenador, la TV, las consolas o el móvil. Pero no solo utilizan su tiempo libre para divertirse, también hay jóvenes que hacen deporte o leen...

Es evidente que muchos jóvenes están deseando que llegue el viernes para salir. Es cierto, sí, y yo soy la primera, pero el fin de semana es un tiempo de «descanso» para los que estamos estudiando y pasamos horas y horas frente a los libros a diario. Los jóvenes llevamos una vida sedentaria causada por el ocio, pero ¿estudiar y estar sentada frente a un libro no es también llevar una vida sedentaria? Porque igual que pasamos tiempo sentados frente al ordenador o la televisión, también lo hacemos frente a un libro, para estudiar.

Creo que muchos que dicen que los jóvenes somos unos vagos y no nos gusta trabajar están equivocados. Por eso no deben juzgarnos a todos por igual.

---

20 Escribe en tu cuaderno una entrada en la página web anterior con tu opinión sobre el ocio y los jóvenes.

21 ¿A cuáles de los siguientes deportes crees que se refieren estas descripciones? Hay tres que no corresponden.

tenis   fútbol   natación   *squash*   escalada

(1) Este es mi deporte favorito por muchas razones. Desde pequeño, siempre me ha gustado estar en el agua, pero además, con esta actividad haces ejercicio y mantienes una buena salud. Fortalece los huesos, aporta grandes beneficios a nivel cardio-respiratorio y muscular, y te da fuerza, resistencia y flexibilidad.

(2) Además de ser muy divertido, implica un trabajo en equipo, concentración y ejercicio a diferentes niveles. Aumenta la capacidad aeróbica, mejora la salud cardiovascular, mejora la resistencia y la flexibilidad muscular y ayuda a bajar de peso. Por otro lado, es un deporte que obligatoriamente se practica durante 90 minutos, en los que en todo momento se debe correr.

22 Lee la introducción de un artículo sobre el tiempo libre, pero, ¡atención!, el teclado no está configurado en español y le faltan todas las tildes. Escríbelas.

La importancia del ocio

¿Cuando fue la ultima vez que dedico tiempo a relajarse y hacer cosas que le divierten? Probablemente, no lo recuerda, debido al ritmo de vida que llevamos, y seguramente tampoco recuerda cuando paso un dia entero sin hacer nada. Cada dia tiene menos tiempo para disfrutar del ocio y de actividades relajantes. ¿Sabe cuantas horas deberiamos dedicar diariamente al ocio? ¿Alguna vez se pregunto por que el ocio es importante? Si todavia no lo ha hecho, ya es tiempo de saberlo.

Más léxico

6 Bienestar

23 Escribe los verbos correspondientes a estos sustantivos.

1. recaudación: _____
2. gasto: _____
3. ingreso: _____
4. educación: _____
5. garantía: _____
6. aumento: _____
7. ayuda: _____
8. enseñanza: _____
9. gestión: _____
10. financiación: _____
11. reducción: _____
12. pago: _____

24 Completa las expresiones con las siguientes palabras. Sobran dos.

| pública | fraude | bienestar | prestación | desempleo |
| gasto | economía | impuestos | educativo | demanda |

1. subsidio de _____
2. _____ público
3. sistema _____
4. recaudación de _____
5. _____ sumergida
6. _____ fiscal
7. gestión _____
8. estado de _____

25 Relaciona las palabras de las dos columnas para formar expresiones relacionadas con una conferencia.

1. Es un honor
2. Como todos
3. Por este
4. Por un
5. Gracias por
6. En segundo
7. Para
8. Ha sido

a. un placer...
b. invitarme a...
c. estar con ustedes...
d. motivo...
e. lado...
f. sabemos...
g. terminar...
h. lugar...

26 Completas los estados de ánimo, los verbos o los sustantivos que faltan.

estado de ánimo	verbo	sustantivo
1.	estresarse	
2. estar relajado		la relajación
3.	preocuparse	
4. estar enamorado		el amor
5.	enfadarse	
6. estar desesperado		la desesperación
7.	entristecerse	
8. estar tranquilo		la tranquilidad

27 Clasifica. En algunos casos hay dos posibilidades.

cansado/-a triste sociable listo/-a familiar
deportista aburrido/-a creativo/-a solitario/-a
enamorado/-a estudioso/-a rico/-a relajado/-a
sorprendido/-a sano/-a atento/-a

ser	estar

28 Traduce a tu idioma.

1. No creo que en el futuro los jubilados dejen de recibir sus pensiones, ni tampoco que la educación para todos desaparezca.

2. Me pongo muy nerviosa cuando tengo un examen. Solo me tranquilizo cuando puedo prepararlo bien y estoy segura de que voy a aprobarlo.

3. Hacer ejercicio permite tener un mejor estado físico y además mejorar la salud mental y la sensación general de bienestar.

Videoblog

6 Bienestar

CÓMO EVITAR EL ESTRÉS

1 Jaime está meditando y le aparecen varios pensamientos. Completa las frases con los verbos que faltan.

1. No creo que meditar _____ lo mejor para aprobar el examen de mañana.
2. Te recomiendo que _____ la meditación y te _____ a estudiar.
3. Es mejor _____ después del examen.
4. Yo te aconsejo que _____ antes de estudiar para relajarte.
5. Te aconsejo que no te _____ al examen.
6. Es mejor que _____ al examen.

2 ¿Qué opinas tú de la meditación? ¿Ayuda a relajarse y a estudiar antes de un examen? Coméntalo con tu compañero.

Yo creo que sí, no medito pero he leído que con la meditación aprendes técnicas para respirar y te ayuda a relajarte…

3 Mira el vídeo y contesta a las preguntas.

1. ¿Qué opina Sara sobre la meditación?
2. ¿Cómo está Jaime después de haber hecho meditación? ¿Por qué?
3. ¿Qué hábitos de estudio tiene Sara?
4. ¿Qué hábitos de estudio tiene Jaime?

4 Observa el vídeo y escribe, utilizando el presente del subjuntivo, los consejos que Martina y Sara le dan a Jaime para el examen.

Martina le aconseja:
a *que no deje todo para el último día.*
b _____
c _____
d _____

Sara le aconseja:
e _____
f _____

5 A Fíjate en el texto con los 10 hábitos para tener éxito en los estudios y señala los que haces tú. ¿Añadirías alguno más? Coméntalo con tus compañeros.

10 hábitos para estudiar con éxito

1. Estudiar todos los días a la misma hora.
2. Estudiar un poco todos los días.
3. Marcarse objetivos de estudio todos los días.
4. Empezar por las tareas más difíciles.
5. Poner el móvil en silencio y fuera de la vista.
6. Formar grupos de estudio con otros estudiantes.
7. Cuidar la alimentación, evitar la comida basura.
8. Tener un sitio fijo de estudio donde no haya distracciones.
9. Hacer resúmenes, subrayar y destacar partes del texto.
10. Emplear reglas nemotécnicas.

B Piensa en cómo te sientes antes de los exámenes. ¿Te identificas más con Sara o con Jaime? ¿Tienes alguna estrategia para controlar el estrés y los nervios? Coméntalo con tus compañeros.

Evaluación

6 Bienestar

Lengua y comunicación

1 El ___ es un estado emocional positivo.
a) ☐ bienestar
b) ☐ estrés
c) ☐ estado de bienestar

2 Cuando alguien se jubila recibe ___.
a) ☐ un presupuesto
b) ☐ un subsidio
c) ☐ una pensión

3 En mi país no es necesario tener un seguro privado de salud porque ___ funciona muy bien.
a) ☐ el sistema sanitario
b) ☐ el sistema educativo
c) ☐ el sistema de empleo

4 El Gobierno recauda menos dinero debido al ___ fiscal.
a) ☐ servicio
b) ☐ fraude
c) ☐ presupuesto

5 Buenos días. Es ___ estar con todos ustedes para hablar sobre el futuro.
a) ☐ un placer
b) ☐ una conclusión
c) ☐ una razón

6 No creo que el sistema educativo en este país ___ bueno.
a) ☐ es
b) ☐ esté
c) ☐ sea

7 Me parece que el estado de bienestar no ___ en peligro.
a) ☐ esté
b) ☐ está
c) ☐ es

8 No opino que ___ una mala gestión del Gobierno.
a) ☐ tenemos
b) ☐ tengamos
c) ☐ hemos

9 ¿Qué te pasa? ¿___ enfadado conmigo?
a) ☐ Eres
b) ☐ Estás
c) ☐ Tienes

10 Estos días ___ mucho estrés por los exámenes de fin de curso.
a) ☐ son
b) ☐ soy
c) ☐ tengo

11 Tienes que ___. Últimamente ___ muy nerviosa.
a) ☐ estresarte / estás
b) ☐ tranquilizarte / estás
c) ☐ relajarte / eres

12 Es importante que ___ de tu salud.
a) ☐ cuidar
b) ☐ cuides
c) ☐ cuidas

13 Es necesario ___ un poco de ejercicio todos los días.
a) ☐ haces
b) ☐ hagas
c) ☐ hacer

14 Te aconsejo que ___ una siesta todos los días.
a) ☐ duermas
b) ☐ duermes
c) ☐ dormir

15 Te recomiendo que ___ de casa.
a) ☐ sales
b) ☐ salgas
c) ☐ sales

16 Fernanda es muy ___. Le encanta hacer ejercicio.
a) ☐ sociable
b) ☐ deportista
c) ☐ estudiosa

17 Mi novio es un chico muy ___, siempre ___ contento.
a) ☐ alegre / está
b) ☐ feliz / es
c) ☐ sociable / sea

18 Estos pasteles ___ muy ricos. ¿Quién los ha preparado?
a) ☐ estén
b) ☐ están
c) ☐ sean

19 No creo que Juan ___ tan listo; creo que tiene mucha suerte.
a) ☐ es
b) ☐ está
c) ☐ sea

20 Todavía no sabemos ___ ha denunciado al portero.
a) ☐ quien
b) ☐ quién
c) ☐ que

Total: ___ / 10 puntos

Evaluación

6 Bienestar

Destrezas

 ### 1. COMPRENSIÓN DE LECTURA

1 Lee la introducción de un artículo en una página web de salud y señala la respuesta correcta. (____ / 1 punto)

El autor va a dar unos consejos después de:
1. un viaje al Reino Unido.
2. leer un artículo.
3. probar los cinco pasos para mejorar la salud.
4. repasar los cinco pasos para mejorar la salud.

2 Lee el artículo y relaciona estas frases con cada uno de los pasos que recomiendan. (____ / 5 puntos)

a. Dice que es importante ser generoso.
b. Recomienda que seamos más sociables.
c. Aconseja que hagamos actividad física.
d. Sugiere que seamos conscientes del momento que vivimos.
e. Dice que es bueno que activemos la mente.

3 Busca en los cinco pasos una palabra que signifique lo mismo. (____ / 4 puntos)

1. reforzar (paso 1) _____
2. aumentar (paso 1) _____
3. básico (paso 2) _____
4. trabajo (paso 2) _____
5. éxito (paso 3) _____
6. pasarlo bien (paso 3) _____
7. colaborar (paso 4) _____
8. desafío (paso 5) _____

---

blogdelbienestar   SALUD | ALIMENTACIÓN | DEPORTE | BIENESTAR | PESO | PAREJA | CONTACTO

Cinco pasos para mejorar tu bienestar

Deja un comentario

Hace unos días, me encontré con un interesante artículo del Instituto Nacional de Salud del Reino Unido (NHS) que daba una lista de cinco pasos que cualquier persona puede probar por su cuenta para mejorar su bienestar. Este enfoque está dirigido al bienestar mental, pero incluye acciones de diversos tipos. Vamos a repasar estos pasos, que me han parecido muy interesantes.

1 CONECTA

El ser humano es un animal social, y para ser feliz necesita poder relacionarse con los demás. Pero no basta con una relación superficial del tipo hola y adiós; se trata de, realmente, conectar con las personas. Y para ello hay dos estrategias principales:
• Fortalecer la relación con las personas cercanas (familia y amigos). Se trata de pasar más tiempo de calidad hablando con ellos. […]
• Ampliar tu red de relaciones. Cada persona es un mundo, y conocer a una nueva persona siempre es una experiencia enriquecedora. No te quedes encerrado en un círculo cerrado, intenta ampliar tu círculo. […]

2 ACTÍVATE

El ejercicio físico es fundamental para una buena salud tanto física como mental. Evita tener una actitud sedentaria. Busca el tipo de ejercicio que mejor te conviene e intenta hacer al menos cinco veces a la semana media hora de actividad de intensidad moderada. Incluso caminar te vale, siempre que lo hagas con un ritmo que suponga algo de esfuerzo. […]

3 APRENDE

Aprender no es una actividad reservada a los niños y los estudiantes. Si quieres tener una vida plena, deberías buscar incrementar tus habilidades aprendiendo nuevas cosas. No importa si se trata de una asignatura, un idioma, un deporte, un baile, un arte u otra cosa. Lo que cuenta es que aprender nos da una sensación de logro y refuerza nuestra autoconfianza, además de ser una de las formas de divertirse más eficaces que hay.

4 DA

Hacer un esfuerzo por los demás es una de las mejores formas de relativizar nuestra propia situación y sentirnos mejor. […] Por eso, igual merece la pena que te plantees hacer algún tipo de voluntariado. Puedes enseñar algo o ayudar en una ONG, lo que te parezca más interesante.

5 SÉ CONSCIENTE

¿Estás atento a lo que ocurre en tu mundo personal? Procura vivir el momento presente y ser consciente de lo que te está pasando en él (tus pensamientos, tus sensaciones, tu cuerpo, el mundo a tu alrededor). Si eres más consciente, te vas conociendo mejor y vas afrontando los retos de la vida con una actitud más positiva.

Resumiendo
• Conecta con la gente.
• Activa tu cuerpo.
• Aprende cosas nuevas.
• Sé generoso.
• Aumenta tu autoconciencia.

Extraído de: www.blogdelbienestar.com

Total: ____ / 10 puntos

Evaluación

 **6** Bienestar

 2. EXPRESIÓN ESCRITA

(Escribe al menos 250 palabras)

Escribe un artículo informativo sobre cómo reducir el estrés y tener una vida más sana.

Incluye:
- una introducción
- una presentación del tema
- el cuerpo del artículo (los párrafos donde vas a dar respuesta a tu planteamiento)
- una conclusión

▶ EVALUACIÓN DE TU PRODUCCIÓN ESCRITA

- **Lengua** (____ / 4 puntos)
- Léxico: vocabulario relacionado con el bienestar, los estados de ánimo, la personalidad, la salud y la actividad física o los deportes
- Gramática: estructuras con presente de subjuntivo, *ser* y *estar*

- **Contenido** (____ / 4 puntos)
- Introducción
- Presentación del tema
- Cuerpo del artículo
- Conclusión

- **Formato**: artículo (____ / 2 puntos)
- ¿El título resume el contenido de tu artículo?
- ¿Has dado respuesta a la cuestión que planteabas?

Total: ____ / 10 puntos

 3. EXPRESIÓN ORAL Y COMPRENSIÓN AUDITIVA (interacción)

(Mínimo, dos minutos cada uno)

Con un compañero, habla y opina sobre el estado de bienestar en tu país.

Incluye:
- descripción del estado de bienestar en tu país
- opinión sobre el estado de bienestar en tu país
- mostrar acuerdo o desacuerdo con tu compañero
- dar consejos o sugerencias para mejorar la situación

▶ EVALUACIÓN DE TU PRODUCCIÓN Y DE LA COMPRENSIÓN DE TU COMPAÑERO

- **Lengua** (____ / 4 puntos)
- Léxico: variado y correcto
- Gramática: presente de subjuntivo con estructuras para expresar opinión y dar consejos o recomendaciones

- **Contenido** (____ / 4 puntos)
- Describir la situación del estado de bienestar
- Opinar sobre el estado de bienestar
- Expresar acuerdo o desacuerdo
- Dar consejos o recomendaciones

- **Expresión** (____ / 2 puntos)
- Hablas con fluidez
- Tienes una buena pronunciación y entonación

- **Interacción** (____ / 10 puntos)
- Comprendes lo que dice tu compañero
- Respondes y reaccionas de manera coherente a lo que dice tu compañero

Total: ____ / 20 puntos

Total: ____ / 50 puntos

Mi progreso

Valora tu progreso después de esta unidad.

Mis habilidades

- Expresar opinión
- Recomendar, aconsejar
- Hablar de estados de ánimo
- Preparar una conferencia y escribir un artículo

Mis conocimientos

- Léxico relacionado con el estado de bienestar, los estados de ánimo, la personalidad, la salud y los deportes
- Aprender a sentirse bien
- Analizar la situación social
- La atención plena
- La tilde diacrítica

Soy más consciente

- De qué nos proporciona bienestar en la vida
- De cómo mantener o crear un buen estado de bienestar

 Bien    Adecuado   Mal

CIENCIA 7

LA CIENCIA DE LA SOSTENIBILIDAD

1 Relaciona las dos columnas. Puede haber varias opciones.

1	emisiones	a	sostenible
2	efecto	b	de paisajes
3	turismo	c	de especies
4	calentamiento	d	de gases
5	consumo	e	demográfica
6	destrucción	f	de energía
7	extinción	g	invernadero
8	explosión	h	de residuos
9	vertido	i	global

2 Ordena los siguientes marcadores de mayor a menor proximidad a *hoy*.

1 HOY
- [ ] Dentro de un año
- [ ] En 2060
- [ ] Dentro de tres semanas
- [ ] La semana próxima
- [ ] El mes que viene
- [ ] Mañana
- [ ] Pasado mañana
- [ ] Dentro de tres días
- [ ] Dentro de dos meses
- [ ] Dentro de una década
- [ ] El próximo siglo

3 Completa las tablas con el futuro simple de cada verbo.

necesitar	conocer	vivir	ser
	conoceré		
			serás
necesitará			
		viviréis	

estar	tener	poder	decir
estaré			
		podrás	
			diremos
	tendrán		

4 Completa las frases con los verbos en futuro simple.

1 Cada año la población mundial _____ (incrementarse) en unos 80 millones.
2 En el futuro _____ (haber) una extinción de especies masiva.
3 Los países desarrollados _____ (consumir) el 90 % de los recursos naturales del planeta en las próximas décadas.
4 La tormentas, las inundaciones y las erupciones volcánicas _____ (aumentar) en los próximos años.
5 Todos nosotros _____ (tener) que adoptar nuevas formas de consumo y producción para sostener el medioambiente en el futuro.
6 Muchas especies de flora y fauna _____ (desaparecer) si no se protegen sus hábitats en un futuro cercano.

5 Escribe cuatro frases más sobre el futuro del medioambiente.

1 _____
2 _____
3 _____
4 _____

6 Completa estas frases.

1 _____ (Salvar, nosotros) el planeta, si todos reciclamos.
2 Si no _____ (querer) ir solo a la fiesta, te acompañaré.
3 Si estás enfermo, _____ (tener) que ir al médico.
4 Si consigues ese trabajo, _____ (ganar) mucho más dinero.
5 Si _____ (visitar, vosotros) ese museo, veréis cuadros famosos.
6 Si hacéis deporte, _____ (sentirse) mejor.
7 Si estudias mucho, _____ (aprobar) el examen.
8 El consumo responsable ayudará a mejorar el medioambiente, si _____ (ser, nosotros) conscientes de la importancia que tiene.

7 Ciencia

7 Relaciona las tres partes para formar una condición con *si* + presente + futuro.

1 ahorrar + comprar +
 Si ahorramos, compraremos una casa.

2 cuidar el medioambiente + tener un mejor +

3 no comprar hoy +  + ser más caro la semana que viene

4 no practicar turismo responsable + desaparecer +

8 Lee este blog sobre los derechos humanos y la sostenibilidad y rellena los espacios en blanco con las siguientes palabras o expresiones.

toma de decisiones   futuras   cultural   humanos
saludable   exigirá   solidaridad   hoy

DERECHOS HUMANOS Y SOSTENIBILIDAD

Juan López

La preservación sostenible de la especie humana en nuestro planeta (1) _____ la participación de la ciudadanía en la (2) _____ y la satisfacción de sus necesidades básicas. Pero esta preservación aparece (3) _____ como un derecho en sí mismo, es decir, como parte de los derechos llamados derechos de (4) _____, y que incluyen, de forma destacada, el derecho a un ambiente (5) _____, a la paz y al desarrollo para todos los pueblos y para las generaciones (6) _____, integrando en este último la dimensión (7) _____ que supone el derecho al patrimonio común de la humanidad. Se puede comprender, así, la vinculación que se establece entre desarrollo sostenible y universalización de los derechos (8) _____.

Extraído de: www.oei.es

9 Lee de nuevo el blog. ¿Crees que es importante que el desarrollo sostenible del medioambiente sea parte de los derechos humanos? Comenta la pregunta con tu compañero.

10 Leed las siguientes predicciones sobre avances científicos y comentad en grupos si creéis que pasarán estas cosas en el futuro. Justificad vuestras respuestas.

1 Todo el mundo tendrá un robot.
 Yo creo que todo el mundo tendrá un robot porque será barato...
2 Solo existirán coches eléctricos.

3 La gente viajará en helicópteros.

4 Las personas viajarán con frecuencia a Marte y el planeta será habitable.

11 Escribe predicciones o condiciones en el futuro sobre las siguientes imágenes.

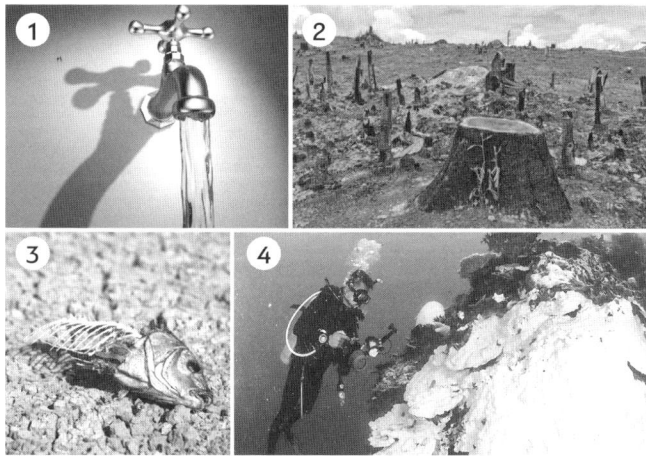

1 *La escasez de agua será un grave problema en el futuro.*
2 _____
3 _____
4 _____

12 ¿A qué ámbitos corresponden las siguientes frases?

profesión	familia	hábitat	estudios

1 Conseguiré un trabajo que me guste.
2 Haré un máster.
3 Tendré una pareja e hijos.
4 Ganaré mucho dinero.
5 Viviré cerca del mar.
6 Me cambiaré de ciudad.
7 Viviré cerca de mis padres.
8 Haré una carrera universitaria.

Ciencia 7

SER CIENTÍFICO

13 Lee las frases y escribe qué profesión tendrá la persona en cada caso. Luego, escribe cinco frases similares. Tu compañero adivinará la profesión.

1. Le gusta mucho organizar viajes. _____
2. Le gusta la música. _____
3. Está interesado en la salud. _____
4. Es muy bueno en los deportes. _____
5. Se le dan muy bien las matemáticas. _____

14 Las siguientes frases hacen referencia al futuro. Complétalas con el presente de subjuntivo, el imperativo o el futuro.

1. Cuando Tomás _____ (venir) a España, _____ (visitar) Toledo.
2. Por favor, _____ (comprar, tú) queso cuando _____ (ir, tú) a Francia.
3. Cuando _____ (tener, ustedes) tiempo de ir al cine, no _____ (perderse, ustedes) la última película de Amenábar.
4. Cuando los científicos _____ (recibir) el apoyo del Gobierno, _____ (poder) realizar proyectos más ambiciosos.
5. El proyecto _____ (ser) un éxito cuando lo _____ (subvencionar) la empresa privada.
6. Cuando _____ (ser, yo) mayor, _____ (ser, yo) un científico.
7. ¿Cuándo _____ (saber, tú) si has aprobado el examen? Cuando lo _____ (saber, tú), lo _____ (celebrar, nosotros).
8. _____ (Visitar, vosotros) el Museo Sorolla cuando _____ (ir, vosotros) a Madrid.

15 Contesta a las preguntas.

1. Cuando seas mayor, ¿qué profesión tendrás?
2. Cuando termines este curso, ¿qué estudiarás?
3. Cuando tengas una familia, ¿dónde vivirás?
4. Cuando sea tu cumpleaños, ¿qué harás?

16 Reacciona y escribe frases en futuro para expresar probabilidad.

1. No encuentro a Juan por ningún lado. (biblioteca)
   Estará en la la biblioteca.
2. Maribel no ha venido al colegio. (enferma en casa)
3. No sabemos cuánto cuesta el concierto. (20 euros)
4. Estoy preocupada, no ha llegado Carolina. (en la casa de su amiga)
5. Tengo miedo, he escuchado un ruido. (la radio)
6. ¿Sabes dónde se tiene que llenar el formulario de inscripción? (en la recepción)

17 🎧13 Escucha la biografía del científico mexicano Mario Molina Henríquez y completa las frases con las palabras que faltan.

1. Mario Molina Henríquez se fue a estudiar a Suiza por considerar el idioma alemán como de gran importancia en el desarrollo _____.
2. En 1972 obtuvo el _____ en Química Física por la Universidad de Berkeley.
3. El 28 de junio de 1974 publicó en la revista *Nature* un _____, junto a Sherry Rowland, sobre la descomposición generada por los CFC* en la capa de _____.
4. El 11 de octubre de 1995 fue galardonado con el Premio Nobel de _____ junto a Rowland y Paul Crutzen.
5. Su descubrimiento abrió una de las prioridades en las agendas de trabajo de las principales naciones. El cambio _____, el estado de salud del _____ y su repercusión en el ser humano son temas de máximo impacto en la actualidad.
6. El Dr. Molina es uno de los hombres más influyentes y _____ socialmente.

CFC: cloro, flúor y carbono.

18 Lee algunas frases célebres del gran científico Albert Einstein. Elige la que más te gusta y justifica tu elección presentando tus argumentos de forma oral.

1. «Lo importante es no dejar de hacerse preguntas».
2. «El misterio es la cosa más bonita que podemos experimentar. Es la fuente de todo arte y ciencia verdaderos».
3. «Si buscas resultados distintos, no hagas siempre lo mismo».
4. «Hay dos cosas infinitas: el universo y la estupidez humana. Y de lo primero no estoy seguro».

7 Ciencia

PROYECTOS CIENTÍFICOS

19 Trabaja con tu compañero. Comentad cómo creéis que funciona este invento y para qué sirve.

- *Yo creo que es un aparato que sirve para...*
- *Pues yo pienso que...*
- *¿Y cómo crees que funciona?*

20 Observa las situaciones y reacciona utilizando una frase que indique probabilidad con las siguientes expresiones.

tal vez   probablemente   a lo mejor   puede que   seguro que   quizás

1 Ana no para de bostezar.

2 Están disfrazados de payasos.

3 Cecilia está muy enfadada.

4 José está muy contento.

5 Jimena no deja de toser.

6 El bebé está llorando.

21 Imagina que estás en el año 2050. ¿Cómo crees que serás? Escribe tu respuesta utilizando las expresiones de probabilidad: *seguro que, tal vez, posiblemente, a lo mejor, quizás...* Piensa en cómo será tu aspecto, tu forma de vida, tus aficiones, etc. Después, coméntalo con tus compañeros.

Tal vez sea calvo y posiblemente viva en el extranjero... ¡Seguro que me gustará el golf cuando sea mayor!

22 En el mundo de la moda es frecuente encontrar extranjerismos, muchos innecesarios. Lee la lista de algunos de estos extranjerismos y relaciónalos con su alternativa en español.

1 *casual*	a	supermodelo
2 *top model*	b	ir de compras
3 *celebrities*	c	imagen, estilo
4 *denim*	d	salón de exposición
5 *fashion* o *trendy*	e	famosos
6 *look*	f	estilo informal
7 *make up*	g	de última moda, de moda, lo último
8 *shopping*	h	maquillaje
9 *showroom*	i	tejido vaquero

Ciencia

23 Lee las tres noticias de investigaciones científicas, a continuación, y completa la tabla.

1 | MEDIOAMBIENTE Expedición a 4000 metros de profundidad

Descubren especies desconocidas en las profundidades del Pacífico

Un equipo de investigadores que participa en una expedición de la NOAA* a 4000 metros de profundidad en aguas de Hawái ha descubierto cientos de especies y formaciones geológicas que hasta ahora eran desconocidas para la ciencia.

NOAA: Administración Nacional Oceánica y Atmosférica (National Oceanic and Atmospheric Administration)

2 | BIOTECNOLOGÍA Hallazgo publicado en *Science*

Fabrican ADN artificial con los mínimos genes para la vida

El padre del genoma humano, Craig Venter, ha dado un nuevo paso de gigante en biología sintética. Tras crear el primer genoma artificial en 2010, ha logrado fabricar una célula con ADN sintético que contiene los mínimos genes necesarios para la vida: 473.

3 | CAMBIO CLIMÁTICO Unas 10 000 millones de toneladas al año

Las emisiones de CO_2 no tienen precedentes desde la era de los dinosaurios, hace 66 millones de años

Un equipo de científicos ha analizado los restos fósiles del fondo marino y ha determinado que la Tierra no vivía un periodo de emisiones de carbono tan alto desde hace 66 millones de años.

Extraído de: www.elmundo.es/es/ciencia.html

1 ¿En qué sección del periódico están?	
Noticia 1	
Noticia 2	
Noticia 3	
2 ¿De qué informan?	
Noticia 1	
Noticia 2	
Noticia 3	
3 ¿Quién realiza la investigación?	
Noticia 1	
Noticia 2	
Noticia 3	
4 ¿Por qué es relevante la noticia?	
Noticia 1	
Noticia 2	
Noticia 3	

24 ¿Crees que las tres noticias cumplen con las características de lo que debe ser una noticia? ¿Por qué sí o por qué no? Coméntalo con tu compañero.

25 Lee un fragmento de un texto sobre la era digital y, con un compañero, comenta las preguntas.

1. ¿Crees que este texto es una noticia? ¿Por qué?
2. Las partes resaltadas indican una valoración u opinión de lo que se está hablando. ¿Tienes en cuenta esto cuando lees?
3. ¿Crees que el pensamiento crítico ayuda a ser mejor lector?

Más tecnológicos, más internacionales

Los centros se adaptan a una sociedad hipertecnologizada y a los nativos digitales, que ya pueblan las aulas

SERGIO C. FANJUL

En tiempos de globalización, el planeta Tierra es un lugar cada vez más pequeño, también más **competitivo**. Para manejarse por los senderos de esta realidad global, las nuevas generaciones **necesitarán dominar algunos lenguajes y herramientas** que suponen un reto para la educación en colegios y centros de formación. Entre ellos está el inglés, cuyo aprendizaje en España supone un **problema endémico**, y las nuevas tecnologías, a las que los centros educativos tienen que adaptarse a marchas forzadas por **la presión de una sociedad hipertecnologizada** y las oleadas de nativos digitales, esos chavales que ya han nacido en plena era de la información con una tableta en la mano.

Extraído de: www.ccaa.elpais.com

sesenta y nueve **69**

Más léxico

7 Ciencia

26 Completa las expresiones con las siguientes palabras.

energía   global   extinción   residuo   escasez
emisión   invernadero   demográfica

1. calentamiento _____
2. _____ de gases
3. consumo de _____
4. _____ de las especies
5. explosión _____
6. _____ contaminante
7. efecto _____
8. _____ de agua

27 Completa las frases con las siguientes palabras.

emisiones   vertidos   pobreza   exóticas   responsable
calidad   ecosistemas   demográfico   biológica
efecto   peligro   medioambiente

1. La degradación de la _____ del agua se debe a los _____ contaminantes.
2. Los sistemas alimentarios generan más del 20 % de las _____ mundiales de gases de _____ invernadero.
3. El aumento del número de especies en _____ de extinción se debe a la contaminación, a la explotación intensiva de los recursos y a la introducción de especies _____ depredadoras.
4. Si no conseguimos un consumo _____ de los recursos naturales, aumentará la _____ en el mundo.
5. El crecimiento _____ previsto para los próximos años va a tener consecuencias muy graves en el _____.
6. Necesitamos tomar medidas para lograr que las actividades turísticas no perjudiquen los _____ y la diversidad _____.

28 ¿Qué hacen las siguientes personas en sus trabajos? Escríbelo.

1. Una abogada _____
2. Un periodista _____
3. Un político _____
4. Una actriz _____
5. Un investigador _____
6. Una bloguera _____

29 Completa las frases del mapa mental.

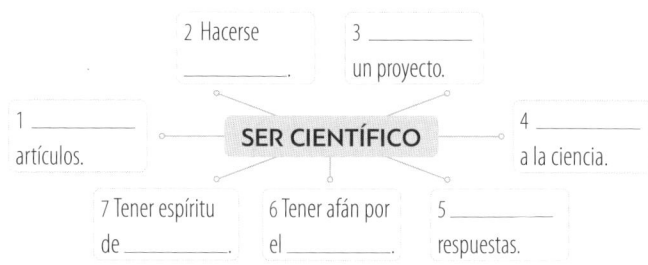

1. _____ artículos.
2. Hacerse _____.
3. _____ un proyecto.
4. _____ a la ciencia.
5. _____ respuestas.
6. Tener afán por el _____.
7. Tener espíritu de _____.

30 Traduce el siguiente texto.

Al inicio de este siglo XXI comenzó a desarrollarse un nuevo dominio científico, la ciencia de la sostenibilidad, con el objetivo de hacer frente a la actual situación de emergencia planetaria e impulsar la transición a sociedades sostenibles. Una nueva forma de hacer ciencia para un nuevo periodo de la historia de la humanidad, en el que el planeta está experimentando grandes cambios, debidos principalmente a la acción de los seres humanos, que amenazan la supervivencia de la propia especie humana.

_____

31 Sustituye los anglicismos por palabras en español.

organizadores de bodas   correo electrónico   seguidores
gestor de redes sociales   boletín   canguro   enlace
batido   ingrediente extra   a tiempo completo
tableta   una fecha límite

1. En el *email* que te he enviado, recibirás el *link* de la página.
2. Por fin conseguí un trabajo *full-time*, pero con los nuevos horarios tuve que contratar a una *babysitter*.
3. Ahora soy *community manager* y a veces trabajo con una *tablet*.
4. Todos los *followers* de mi revista digital reciben mi *newsletter* semanalmente.
5. Una de las cosas que más estresa a los *wedding planners* es tener un *deadline*.
6. ¿Qué *topping* quieres en tu *smoothie*?

Videoblog

7 Ciencia

NUESTRO FUTURO

1 A Vas a ver un fragmento del vídeoblog. ¿Por qué está nerviosa Martina?

B Con la información que conoces de Martina, de vídeos anteriores, dale algunos consejos. Coméntalo con tu compañero.

Te aconsejo que te quedes en España, pero no en Salamanca porque...

2 A ¿Qué crees que quieren estudiar Sara, Jaime y Luis Alberto cuando terminen el Bachillerato? Lee la siguiente lista y escribe una S (Sara), J (Jaime) y LA (Luis Alberto) en los estudios que crees que seguirán cada uno. Coméntalo con tu compañero.

- ☐ Medicina
- ☐ Ingeniería robótica
- ☐ Ciencias de la información
- ☐ Arquitectura
- ☐ Hostelería y turismo
- ☐ Derecho
- ☐ Diseño de aplicaciones para móviles
- ☐ Traducción

B Mira el vídeo y comprueba tus respuestas.

3 Vuelve a ver el vídeo y contesta a las preguntas.

1 ¿Por qué quiere Sara esos estudios?

2 ¿Para qué quiere quedarse Luis Alberto un tiempo en España después de terminar sus estudios?

4 ¿Quién de los tres, Sara, Jaime y Luis Alberto, elige una profesión con más futuro? Coméntalo con tus compañeros.

Yo creo que la robótica tiene mucho futuro en las empresas y también en las casas, porque...

5 ¿Cómo se imaginan Sara, Jaime y Luis Alberto, sus vidas cuando terminen la carrera? Fíjate en el vídeo y señala si las siguientes frases sobre cada uno de ellos son verdaderas (V) o falsas (F).

Jaime: V F
1 Es muy optimista, cree que encontrará un buen trabajo. ☐ ☐
2 Piensa trabajar para alguna televisión extranjera y viajará por todo el mundo. ☐ ☐
3 Cree que puede tener dificultades para encontrar un buen trabajo. ☐ ☐
4 Se imagina que trabajará en una televisión o en una agencia de noticias. ☐ ☐

Sara: V F
1 Cree que no le será fácil encontrar trabajo en la robótica. ☐ ☐
2 Piensa que la robótica se desarrollará mucho y habrá mucho trabajo. ☐ ☐
3 Confía mucho en el futuro de la robótica y su facilidad para encontrar trabajo. ☐ ☐
4 Cree que habrá muchas personas como ella que estudiarán robótica y habrá mucha competencia. ☐ ☐

Luis Alberto: V F
1 Cree que su país quiere desarrollar más el turismo y necesita gente formada y con experiencia. ☐ ☐
2 Su país necesita personas con la preparación de Luis Alberto. ☐ ☐
3 Venezuela necesita gente para trabajar en el desarrollo del turismo aunque no tengan experiencia. ☐ ☐
4 En el futuro habrá en Venezuela muchas personas con la formación de Luis Alberto, por eso no es muy optimista. ☐ ☐

6 Imagina que han pasado unos años y Sara, Jaime y Luis Alberto ya han terminado sus carreras y buscan trabajo. Con tus compañeros vas a escribir un anuncio del puesto de trabajo ideal para uno de ellos. Después lo presentaréis al resto de la clase y se elegirá el mejor anuncio para Sara, para Jaime y para Luis Alberto.

Evaluación

7 Ciencia

Lengua y comunicación

1 La ciencia de la sostenibilidad ___ a mejorar el futuro del planeta.
a) ☐ ayude
b) ☐ ayudará
c) ☐ ayudaré

2 Si ___ con un consumo irresponsable, las necesidades humanas ___ mayores.
a) ☐ continuamos / serán
b) ☐ continuarán / serán
c) ☐ continuaremos / será

3 Una de las desventajas del turismo es la destrucción de ___.
a) ☐ paisajes
b) ☐ agua
c) ☐ energía

4 Un científico se hace ___ continuamente.
a) ☐ proyectos
b) ☐ artículos
c) ☐ preguntas

5 Cuando ___ mayor, ___ elegir qué carrera estudiar.
a) ☐ serás / puedes
b) ☐ seas / podrás
c) ☐ estés / podrás

6 Tener afán por el conocimiento es una característica del ___.
a) ☐ ciencia
b) ☐ científico
c) ☐ científica

7 • Santiago no ha venido a trabajar.
 ■ ___ enfermo.
a) ☐ Estaré
b) ☐ Estará
c) ☐ Esté

8 Cuando ___ a Barcelona, ___ el parque Güell.
a) ☐ vayas / visita
b) ☐ voy / visitaré
c) ☐ irás / visites

9 Tal vez ___ a la fiesta de Carla, aún no lo sé.
a) ☐ vaya
b) ☐ fui
c) ☐ ir

10 La ___ de agua provocará dificultades en el futuro.
a) ☐ escasez
b) ☐ extinción
c) ☐ destrucción

11 Tom ___ a visitarnos el año que viene, ¡qué bien!
a) ☐ vino
b) ☐ vendrá
c) ☐ ha venido

12 • ¿Has visto a tu hermana? ¡No la encuentro!
 ■ ___ ya en la tienda.
a) ☐ Esté
b) ☐ Estará
c) ☐ Estaré

13 En los próximos años ___ un aumento importante de especies en peligro de extinción.
a) ☐ hay
b) ☐ hubo
c) ☐ habrá

14 ___ estará afectada en su totalidad si no se toma conciencia de la importancia de la sostenibilidad del planeta.
a) ☐ La flora y fauna
b) ☐ La biodiversidad
c) ☐ Las especies

15 ___ ser más conscientes de los peligros que afectan el medioambiente, si ___ salvar el planeta.
a) ☐ Necesitaremos / queremos
b) ☐ Necesitamos / queramos
c) ☐ Necesitaron / queremos

16 Puede que ___ el artículo, estoy pensándomelo.
a) ☐ escriba
b) ☐ escribo
c) ☐ escribí

17 Seguro que el proyecto científico de María ___ el ganador del concurso de ciencia este año.
a) ☐ es
b) ☐ sea
c) ☐ era

18 La palabra ___ es un extranjerismo adaptado a las reglas de acentuación del español.
a) ☐ *master*
b) ☐ *masters*
c) ☐ *máster*

19 ___ que tardaré unos días en acabar el proyecto.
a) ☐ Supongo
b) ☐ Quizás
c) ☐ Es probable

20 Ser científico requiere mucho ___ y dedicación.
a) ☐ sacrificio
b) ☐ inteligencia
c) ☐ voluntad

Total: ___ / 10 puntos

Evaluación

7 Ciencia

Destrezas

1. COMPRENSIÓN DE LECTURA

1 Lee el título y los subtítulos del artículo sobre el hombre del futuro y responde *sí, no* o *no se menciona* (N/M) a las siguientes afirmaciones. (___ / 4 puntos)

	Sí	No	N/M
1 El cerebro no será tan grande como ahora en el futuro.	☐	☐	☐
2 El corazón aumentará de tamaño.	☐	☐	☐
3 La piel será más blanca.	☐	☐	☐
4 Habrá menos obesidad porque los intestinos serán más largos.	☐	☐	☐

2 Lee todo el artículo y contesta a las preguntas con palabras del texto. (___ / 6 puntos)

1 ¿Qué tres variantes se han tenido en cuenta para el estudio? _____
2 ¿Por qué los brazos y los dedos serán más largos? _____
3 ¿Qué tendrá en cuenta la comunicación? _____
4 ¿Por qué será más pequeño el cerebro? _____
5 ¿Qué parte del cuerpo cambiará menos? ¿Por qué? _____
6 ¿Qué pasará como consecuencia de los dispositivos electrónicos? _____

El hombre del futuro será más alto y delgado y tendrá el cerebro más pequeño

- Nuestros intestinos se harán más cortos, por lo que no absorberán tanta grasa y azúcar, una forma natural de evitar la obesidad
- Los humanos cada vez tendrán una piel más oscura debido a la mezcla entre las diversas razas

El proceso de evolución biológica de la especie humana desde sus ancestros hasta ahora ha pasado por diversos estados. El ser humano ha cambiado su cuerpo, su rostro, su vello... y lo seguirá haciendo. Un diario británico ha reunido a un grupo de expertos médicos para intentar realizar un retrato robot de cómo será el hombre dentro de 1000 años. Y el resultado es que nos pareceremos muy poco a como somos ahora. Para determinar los cambios, en el estudio se han tenido en cuenta variantes como los alimentos, el clima y la evolución de la medicina.

Dentro de unos 1000 años, el hombre será más alto, como ha ocurrido desde 1960. Se prevé que su altura sea de entre 1,83 m y 2,13 m.

Nuestros intestinos se harán más cortos, por lo que no absorberán tanta grasa y azúcar, una forma natural de evitar la obesidad.

Las extremidades se harán más largas, sobre todo los brazos y los dedos. Esto tiene sentido debido a los numerosos aparatos tecnológicos que utilizamos con los dedos actualmente, tales como ordenadores, móviles, videoconsolas, etc. Aumentará el número de terminaciones nerviosas, «como resultado del frecuente uso de dispositivos que requieren una compleja

coordinación de manos y ojos». «La comunicación se basará en las expresiones faciales y los movimientos de los ojos». También tendremos el cerebro más pequeño, a causa de que «la mayor parte del trabajo de memorización y pensamiento lo harán los ordenadores».

Nuestros ojos serán más grandes para compensar el tamaño de la boca, que se hará más pequeña, ya que se podrá conseguir que la nutrición se base en líquidos.

Lo que menos cambiará, dicen los expertos, será la nariz, ya que gracias al aire acondicionado y a la calefacción el hombre no notará tanto el cambio del clima. Por esta razón, la calefacción hará que tengamos menos pelo, aunque tendremos más arrugas debido a los dispositivos electrónicos.

Extraído de: www.teinteresa.es

Total: ___ / 10 puntos

Evaluación   7 Ciencia

 2. EXPRESIÓN ESCRITA

(Escribe al menos 250 palabras)

Eres el encargado de la sección de Ciencia en el periódico de tu colegio. Escribe un artículo sobre el futuro de la ciencia. Puedes tratar los avances científicos, el futuro del planeta, la ciencia en la vida diaria, etc.

Incluye:
- introducción al tema
- desarrollo de una idea
- desarrollo de otra idea
- conclusión

▶ EVALUACIÓN DE TU PRODUCCIÓN ESCRITA

- **Lengua** (___ / 4 puntos)
- Léxico: vocabulario relacionado con la ciencia
- Gramática: futuro simple

- **Contenido** (___ / 4 puntos)
- Introducción
- Desarrollo de una idea
- Desarrollo de otra idea
- Conclusión

- **Formato: artículo** (___ / 2 puntos)
- ¿Has incluido una introducción y una conclusión?
- ¿Has utilizado un registro formal?

Total: ___ / 10 puntos

 3. EXPRESIÓN ORAL (expresión)

(Mínimo, dos minutos)

Habla sobre tu futuro dentro de 20 años.

Incluye:
- qué aspecto tendrás
- dónde vivirás
- qué profesión tendrás
- qué aficiones tendrás

▶ EVALUACIÓN DE TU PRODUCCIÓN ORAL

- **Lengua** (___ / 4 puntos)
- Léxico: relacionado con información personal
- Gramática: el futuro simple

- **Contenido** (___ / 4 puntos)
- aspecto
- lugar de residencia
- profesión
- aficiones

- **Expresión** (___ / 2 puntos)
- Hablas con fluidez
- Tienes una buena pronunciación y entonación

Total: ___ / 10 puntos

 4. COMPRENSIÓN AUDITIVA

🎧 14 **Escucha los pasos a seguir para participar en el concurso de ciencia Google Science Fair y coloca el número en la lista, según corresponda.**

1 Crear un sitio web para el proyecto
2 Encontrar un tutor
3 Conocer los criterios de evaluación del jurado
4 Familiarizarse con las instrucciones y elegir el proyecto
5 Experimentar

Total: ___ / 10 puntos

Total: ___ / 50 puntos

Mi progreso

Valora tu progreso después de esta unidad.

Mis habilidades
- Hablar, entender y escribir sobre el papel de la ciencia en la sociedad
- Escribir una noticia y confeccionar una infografía

Mis conocimientos
- Léxico relacionado con la sostenibilidad, ser científico y las profesiones
- El futuro simple
- La importancia de la ciencia de la sostenibilidad y de los proyectos científicos
- El pensamiento crítico
- Los extranjerismos
- La noticia y el primer cíborg del mundo

Soy más consciente
- De la sostenibilidad del planeta en el futuro
- De la profesión de ser científico
- De la importancia de la ciencia en la vida diaria

👍 Bien   ✊ Adecuado   👎 Mal

74 setenta y cuatro

AMOR 8

EL SIGNIFICADO DEL AMOR

1 Completa esta tabla.

sustantivo	adjetivo	verbo
la tristeza		
		estar / ser celoso/-a
		deprimirse
	perdido/-a	
	dolido/-a	
la felicidad		

2 Completa las frases con estos verbos valorativos según tu opinión.

me entristece   me molesta   me preocupa   me encanta
no me importa   me pone nervioso/-a

1 _____ que mis compañeros se ayuden entre ellos.
2 _____ que mis compañeros hagan ruido.
3 _____ que alguien hable demasiado.
4 _____ que alguien no esté integrado en el grupo.
5 _____ que la profesora no controle más a los grupos.
6 _____ que la profesora se siente con nosotros en el grupo.

3 Completa las tablas con los verbos en presente de subjuntivo.

	hacer	venir	poder
yo	haga		
tú		vengas	
él, ella, usted			pueda
nosotros/-as	hagamos		
vosotros/-as		vengáis	
ellos/-as, ustedes			puedan

	sentir	ser	decir	dar
yo		sea		dé
tú			digas	
él, ella, usted		sea		
nosotros/-as	sintamos			demos
vosotros/-as			digáis	
ellos/-as, ustedes	sientan			

4 🎧 15 Escucha y lee estos dos poemas de amor de Gustavo Adolfo Bécquer y señala a cuál de los dos pertenecen estas afirmaciones. Puede haber más de una opción.

	Amor eterno	Rima XI
1 El yo lírico (el protagonista del poema) es una mujer.		
2 Tiene un tono trágico.		
3 Se refiere al momento presente.		
4 Es un diálogo entre dos personas.		
5 Hay descripción física.		
6 Es un poema alegre.		
7 Compara el amor a una persona con la naturaleza.		

Amor eterno

*Podrá nublarse el sol eternamente;
podrá secarse en un instante el mar;
podrá romperse el eje de la tierra
como un débil cristal.
¡Todo sucederá! Podrá la muerte
cubrirme con su fúnebre crespón*;
pero jamás en mí podrá apagarse
la llama de tu amor.*

(* crespón: tela negra)

Rima XI

*—Yo soy ardiente, yo soy morena,
yo soy el símbolo de la pasión;
de ansia de goces mi alma está llena;
¿a mí me buscas? —No es a ti, no.

—Mi frente es pálida; mis trenzas, de oro;
puedo brindarte dichas sin fin;
yo de ternura guardo un tesoro;
¿a mí me llamas? —No, no es a ti.

—Yo soy un sueño, un imposible,
vano fantasma de niebla y luz;
soy incorpórea, soy intangible;
no puedo amarte. —¡Oh, ven, ven tú!*

Amor

5 Vuelve a leer los dos poemas anteriores y valóralos. Utiliza *me gusta / me encanta / me molesta*, etc.

No me gusta que el autor presente un amor tan imposible...

6 Lee este poema y cambia las palabras subrayadas por otras que te gusten más.

Mi escuela, mi escuela
Gloria Fuertes

Yo voy a <u>una escuela</u>
muy <u>particular</u>,
cuando llueve se moja
como las demás.

Yo voy a <u>una escuela</u>
muy <u>sensacional</u>,
si se estudia, se aprende,
como en las demás.

Yo voy a una escuela,
muy *sensacional*,
los <u>maestros</u> son guapos
las <u>maestras</u> son más.

SER ROMÁNTICO

7 Relaciona palabras de las tres columnas y construye frases. Puede haber varias opciones.

1 Mi novio me	han dedicado	una sorpresa.
2 Mis padres	ha dado	unas flores.
3 Mi mejor amigo me	han celebrado	una cena romántica para celebrar nuestro aniversario.
4 Mis amigos me	ha preparado	un poema de amor.
5 Mi novia	ha escrito	una canción muy divertida en la fiesta.
6 Mis amigas me	han regalado	sus bodas de plata este año.

8 El bolero es un género musical que nació en Cuba en los años 40. Las canciones son muy románticas y suelen contar historias de amor. Lee esta letra. ¿Crees que está pasada de moda? ¿Crees que las relaciones de novios son muy distintas hoy en día? Coméntalo en tu grupo. Después, búscala en internet y escúchala.

Somos novios,
de Armando Manzanero

Somos novios
pues los dos sentimos
mutuo amor profundo
y con eso ya ganamos
lo más grande de este
mundo.
Nos amamos,
nos besamos como novios
nos deseamos
y hasta a veces
sin motivos, sin razón,
nos enojamos.

Somos novios
mantenemos un cariño
limpio y puro,
como todos
procuramos el momento
más oscuro.
Para hablarnos, para darnos
el más dulce de los besos
recordar de qué color
son los cerezos,
sin hacer más comentarios
somos novios.

Amor

9 Transforma y completa estas frases.

1. Quiero ir a la fiesta.
   Quiero que tú *vayas a la fiesta*.
2. Espero tener tiempo para visitar a la abuela.
   Espero que vosotros _____.
3. Pido tener los exámenes corregidos pronto.
   Pido que el profesor _____.
4. Queremos preparar una fiesta.
   Queremos que vosotros _____.
5. Exigimos ser puntuales.
   Exigimos que todas las personas _____.
6. Espero pasarlo bien en el viaje.
   Espero que vosotros _____.

10 Basándote en este diagrama, construye frases en subjuntivo con lo que se espera de un profesor y compártelas con un compañero. ¿Estáis de acuerdo en todo?

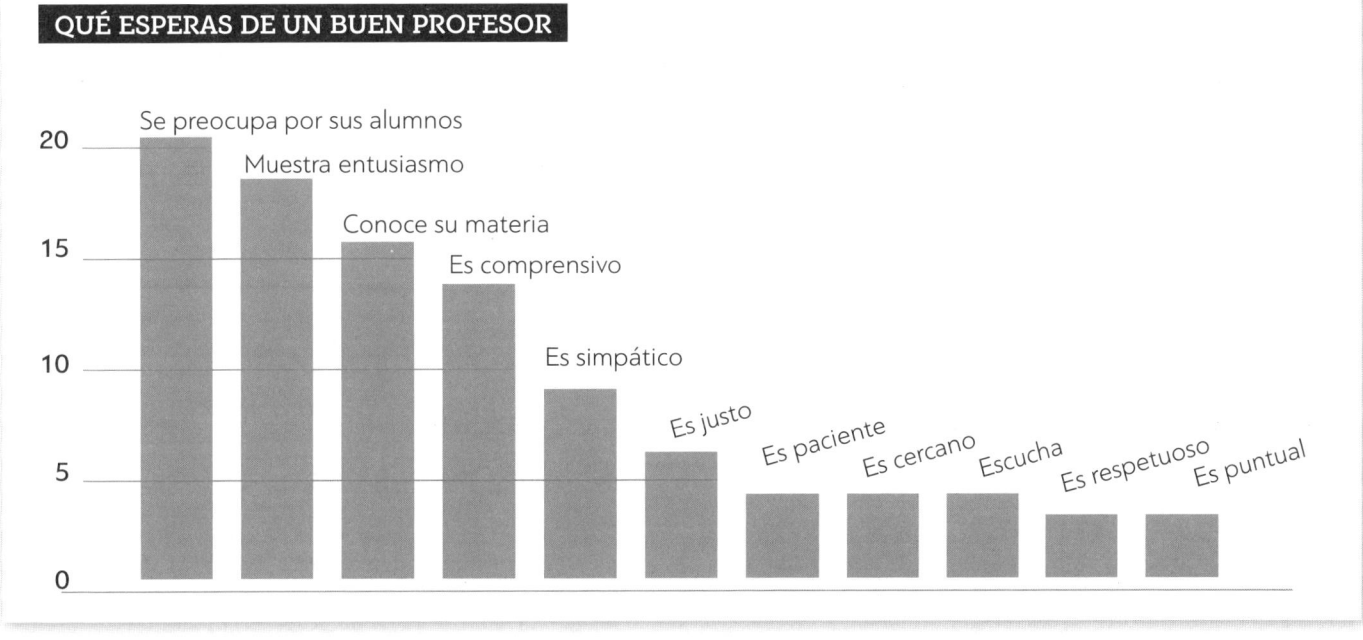

QUÉ ESPERAS DE UN BUEN PROFESOR

Espero que se preocupe por sus alumnos.

_____
_____
_____
_____

11 Añade tres cosas más que tú esperas.

1. _____
2. _____
3. _____

12 ¿Qué quieres o esperas de tus compañeros de clase? Escribe cinco frases. Recuerda utilizar el subjuntivo.

1. _____
2. _____
3. _____
4. _____
5. _____

13 Completa el mapa mental con siete deseos para tu futuro.

Amor

14 Lee estos resúmenes de historias de amor y añade estos finales.

1. La hermana huye con otro hombre y los protagonistas pueden estar juntos.
2. Cuando ella lo besa también muere porque no puede soportar la muerte de su amado.
3. Después del terrible accidente de su amado, ella decide suicidarse.
4. Los dos huyen juntos, pero la familia los encuentra, mata al novio y ella se suicida.
5. Cuando el marido muere los viejos enamorados recobran su amor de más de medio siglo.

A ☐

Los amores entre Florentino Ariza y Fermina Daza comienzan cuando eran muy jóvenes. Quieren casarse, pero el padre de ella se opone a la boda y la manda de viaje para separarlos. Florentino la persigue, enviándole mensajes en clave. Cuando Fermina vuelve, sus sentimientos han cambiado y decide casarse con otro hombre.
(*El amor en los tiempos del cólera*, de Gabriel García Márquez)

B ☐

Aunque Isabel y Diego pertenecen a dos clases sociales muy diferentes, se conocen y están enamorados desde niños. Diego pide su mano, pero su padre lo rechaza por ser pobre. Entonces, Diego decide hacer dinero en un plazo de cinco años y se va. Como parece que no vuelve, el padre busca a un hombre rico para su hija. Diego vuelve el día de la boda, pero llega tarde y del dolor muere allí mismo. Entonces, antes del funeral, ella decide besar a su amado.
(*Leyenda de los amantes de Teruel*)

C ☐

Dos familias acuerdan la boda de sus hijos sin tener en cuenta que la novia está enamorada de un hombre al que no puede presentar a su familia porque sus familias son enemigas.
(*Bodas de sangre*, de Federico García Lorca)

D ☐

Tita y Pedro están enamorados, pero la madre de Tita decide que ella, al ser la más pequeña de la familia, tiene que quedarse soltera, en casa, con ella. Para estar cerca uno del otro, Pedro se casa con su hermana. La pasión entre ellos no se termina y Tita se encierra en la cocina y expresa sus sentimientos a través de la comida.
(*Como agua para chocolate*, de Laura Esquivel)

E ☐

Calixto ve a Melibea, de quien se enamora inmediatamente. Para lograr que ella lo quiera también a él, busca la ayuda de Celestina, una vieja que, entre otras cosas, se ocupa de asuntos de amor. Celestina visita a Melibea y la convence del amor de Calixto. Este visita a su amada, pero se cae por la escalera y muere.
(*La Celestina*, de autor anónimo)

15 ¿Cuál de las historias anteriores es para ti la más romántica? Coméntalo en grupo.

16 Escribe una sinopsis de un libro o una película que te guste.

Amor

OTRAS FORMAS DE QUERER

17 ¿En qué se caracterizan los distintos tipos de amor? Señálalo en la tabla. Puede haber varias opciones.

	un(a) amigo/-a	un familiar	una mascota	el trabajo
1 Te hace ganar dinero.				
2 Te hace conocerte mejor a ti mismo.				
3 Te ayuda cuando estás triste.				
4 No lo has elegido tú.				
5 Te hace ser una mejor persona.				
6 Sabes que depende de ti.				
7 Detecta tus estados de ánimo.				
8 Te da muchas satisfacciones.				

18 Lee estas frases sobre el amor y la amistad. ¿Cuál te gusta más? ¿Puedes confeccionar tú dos más? Las podéis colgar en la clase.

1 AMISTAD
Los amigos son como los zapatos. Podemos tener muchos, pero siempre andamos con los que nos *sentimos mejor*

2 AMOR
¿Dónde andará el amor de MI VIDA?

3 AMOR:
Ojalá pienses en mí antes de cerrar tus preciosos ojos como yo pienso en ti antes de dormir.

19 Completa las siguientes frases.

1 Yo estudio para…

2 Yo estudio para que mis profesores…

3 Yo estudio para que mis amigos…

4 Yo estudio para que mis objetivos…

5 Yo estudio para que mis compañeros…

20 Lee esta carta de una sobrina a su tía y y escribe las mayúsculas que sean necesarias.

Pekín, 15 de marzo de 2021

querida tía:

sé que te gusta mucho recibir cartas, y he aprovechado tu cumpleaños para escribirte una, felicitarte y decirte todo lo que te quiero. ¿cómo estás? ¿ya has terminado de leer *dime quién soy*? a mí me ha gustado mucho.

Espero que te encuentres mejor de tu dolor en las piernas y que ahora que hace buen tiempo puedas salir más con tus amigas.

Yo estoy muy bien en china. aquí todo es muy diferente, pero me gusta. Los lunes y los miércoles voy a clase a aprender chino, ¡es muy difícil! La profesora me llama la señora díez, y yo siempre me acuerdo de ti. Bueno, aunque también muchas personas te llaman doña juana, ¿verdad? Nuestra ong tiene falta de personal estos meses, pero creo que pronto podré coger vacaciones e ir a verte. prometido.

da muchos recuerdos a los primos de mi parte. te quiere mucho,

tu sobrina,

p. d.: ya te he comprado el juego de *mahjong* que me encargaste.

Más léxico

8 Amor

21 Lee los siguientes mensajes, ¿qué sentimientos muestran? Puede haber más de una posibilidad.

celos   felicidad   tristeza   dolor   pérdida
amor   depresión   pasión

1. Estoy muy contento porque he aprobado el examen de acceso a la universidad. _____
2. No quiero salir, no quiero ver a nadie, no tengo ganas de nada. _____
3. ¡Me encanta escribir y voy a hacer todo lo posible para publicar mis novelas! _____
4. Se ha terminado el verano… ¡Qué pena! _____
5. Mi padre habla más con mi hermana que conmigo. Es su favorita. _____
6. La operación ha ido bien, pero tengo que tomar calmantes cada 8 horas. _____
7. Estoy tan enamorado que mañana voy a pedirle que se case conmigo. _____
8. Voy a echar mucho de menos a mi perro. Vivió con nosotros 15 años. _____

22 Completa las frases con la preposición que falta.

1. Mi hijo tiene celos _____ su hermanita.
2. Quiero mucho _____ mi novio.
3. Estoy muy triste _____ lo que ocurrió anoche.
4. Sebastián está muy deprimido _____ la muerte de su padre.
5. Desde que perdió _____ su perro, se encuentra muy solo.
6. Mi amigo Carlos siente pasión _____ las motos.

23 Estas frases expresan lo que una persona espera de su pareja. Complétalas con los siguientes verbos en el tiempo adecuado.

acariciar   valorar   dar   decir   tratar   demostrar

1. Espero que de vez en cuando me _____ una sorpresa.
2. Quiero que me _____ cuando estoy triste.
3. Pido que mi pareja me _____ tal como soy.
4. Espero que me _____ frases cariñosas todos los días.
5. Quiero que me _____ con actos y no con palabras lo mucho que me quiere.
6. Pido que me _____ con respeto.

24 ¿Qué relación tiene Carmiña con estas personas? Completa las frases con las siguientes palabras.

compañera de clase   mascota   compañero de trabajo
novio   marido   amigo   padre   pareja

1. Lo conozco desde que tenía dos años. Nos vemos mucho, es mi mejor _____.
2. Sergio es mi _____. Nos conocimos hace un año y nos vemos o nos llamamos todos los días. Estoy muy enamorada.
3. Mi _____ se llama Coco y es el mejor perro del mundo.
4. _____ de mi hermana, mi cuñado, le regaló un viaje a Venecia por su aniversario de bodas. ¡Es un romántico!
5. Rebeca es mi _____. Estudiamos juntas en la universidad.
6. La _____ actual de mi madre no es mi _____. Mis padres se divorciaron cuando yo tenía ocho años.
7. Sam es mi _____. Lleva más años que yo en la empresa. Nos llevamos muy bien.

25 Relaciona las palabras de las dos columnas.

1. guardar
2. hacer
3. ser capaz
4. seguir
5. tener
6. tratar con
7. mejorar
8. ser

a. celos
b. la sociedad
c. rencor
d. incondicionalmente a alguien
e. cariñoso
f. reír a alguien
g. de hacer algo
h. ternura

26 Traduce en tu cuaderno la siguiente definición de amistad.

La amistad es una relación afectica que se puede establecer entre dos o más personas, a ella se asocian valores fundamentales como el amor, la lealtad, la solidaridad, la incondicionalidad, la sinceridad y el compromiso, y se cultiva con el trato asiduo y el interés recíproco a lo largo del tiempo.

La amistad puede surgir entre hombres y mujeres, novios, esposos, familiares con cualquier clase de vínculo, personas de distintas edades, religiones, ideologías, culturas, extracción social, etc. Incluso, una amistad se puede establecer entre un ser humano y un animal (por eso se dice que el perro es el mejor amigo del hombre).

Videoblog

8 Amor

¿CÓMO ES EL AMOR VERDADERO?

1 A Mira el vídeo, ¿qué dice Jaime sobre el amor? ¿Estás de acuerdo con su opinión? Coméntalo con tu compañero.

Yo no estoy de acuerdo, creo que en la realidad también puedes encontrar el amor de tu vida con solo mirar a los ojos...

B ¿Conoces a alguien que alguna vez se ha enamorado a primera vista? Coméntalo con tus compañeros.

2 Mira el vídeo y contesta a las preguntas.

Según Martina:
1. ¿Cómo se enamora?
2. ¿Qué siente cuando se enamora? Elige tres opciones.
   a ☐ Muchos celos.
   b ☐ Una atracción irresistible.
   c ☐ Una pérdida total del apetito.
   d ☐ Una felicidad increíble.
   e ☐ Una emoción profunda.
   f ☐ Un deseo intenso.
3. ¿Cuál es el problema de este tipo de amor?
4. ¿Qué es ciego?

Según Sara:
5. ¿Cómo se enamora?
6. ¿Qué le atrae de la otra persona?
7. ¿Qué le pide a su pareja?
8. ¿Qué no le gusta que haga la otra persona? Elige tres opciones:
   a ☐ Que olvide su cumpleaños.
   b ☐ Que la critique.
   c ☐ Que controle su ropa.
   d ☐ Que no sea romántica.
   e ☐ Que no haga regalos sorpresa.
   f ☐ Que le prohíba cosas.

3 Mira el vídeo y completa las frases.
1. Para Jaime, el verdadero amor _____.
2. Para Martina, el amor _____.
3. Martina exige a su pareja _____.
4. Según Martina, para tener una buena relación es necesario _____.

4 A ¿Y para ti? ¿Qué características tiene el amor verdadero? Coméntalo con tu grupo.

B Piensa en tu pareja o una posible pareja y completa.

De una pareja:
Quiero _____
Exijo _____
Me gusta _____
No me gusta _____
No me importa _____

5 A En el vídeo aparecen los títulos de algunas películas románticas, ¿las conoces? Relaciona cada película con su argumento. Comprueba tus resultados en internet.

1. *Madame Bovary* ☐
2. *Los amantes del círculo polar* ☐
3. *El secreto de sus ojos* ☐
4. *500 días juntos* ☐

A Un jubilado que había trabajado en un juzgado de Buenos Aires, está obsesionado con un crimen que se cometió hace 25 años y decide escribir una novela sobre el caso. Al escribirla recuerda todo lo que ocurrió y también rememora el recuerdo de una mujer a la que ha amado en silencio desde entonces.

B Tom, un joven arquitecto, cree en el amor verdadero que el destino tiene preparado y aparece solo una vez. Tom conoce a Summer, la secretaria de su jefe. Summer es el polo opuesto a Tom. Desde el primer momento que se conocen surge la chispa. Es la historia de Tom y Summer desde el enamoramiento hasta la separación.

C Emma es una joven que vive en una pequeña ciudad, casada con un doctor viudo. Emma, aburrida de su vida matrimonial, decide vivir sus sueños y buscar nuevas pasiones y amores en relaciones con otros hombres.

D En 1980, dos niños, Ana y Oto, echan a correr a la salida del colegio. Desde ese día, sus vidas formarán un círculo que se cerrará en Finlandia. Es la historia de amor secreta desde los 8 hasta los 28 años.

B ¿Qué películas, sobre amor, recomendarías a tus compañeros?

Evaluación **8** Amor

Lengua y comunicación

1 Ser ___ significa tener miedo a perder el amor de una persona por otra.
a) ☐ triste
b) ☐ deprimido
c) ☐ celoso

2 La alegría es lo contrario de la ___.
a) ☐ tristeza
b) ☐ pérdida
c) ☐ pasión

3 Sí, estoy muy enamorada ___ mi novio.
a) ☐ con
b) ☐ de
c) ☐ en

4 A mi novia ___ encantan los poemas de amor.
a) ☐ la
b) ☐ le
c) ☐ se

5 Me alegro mucho de que ___ a la fiesta el sábado.
a) ☐ vengas
b) ☐ vienes
c) ☐ vendrás

6 No me ___ que el poema sea triste, porque es precioso.
a) ☐ alegro
b) ☐ importa
c) ☐ encanta

7 Me gusta ___ correos de mis amigos.
a) ☐ que yo recibo
b) ☐ que yo reciba
c) ☐ recibir

8 Me molesta que ___ me controlen tanto.
a) ☐ mis padres
b) ☐ mi madre
c) ☐ tú

9 No creo en el amor ___ primera vista.
a) ☐ en
b) ☐ a
c) ☐ de

10 Emma no ha querido salir con Simón, lo ha ___.
a) ☐ rechazado
b) ☐ opuesto
c) ☐ aceptado

11 Mis mejores amigos se casan y celebran ___ este verano.
a) ☐ la cena
b) ☐ la joya
c) ☐ la boda

12 Para entrar en este club ___ tener 21 años.
a) ☐ exigen
b) ☐ esperan
c) ☐ ordenan

13 El Día de San Valentín era ya una fiesta ___ antes de convertirse en una fiesta cristiana.
a) ☐ comercial
b) ☐ tradicional
c) ☐ pagana

14 Yo espero que mi pareja me ___ una sorpresa para nuestro aniversario.
a) ☐ dé
b) ☐ regala
c) ☐ compra

15 Ojalá que algún día tus sueños se ___ realidad.
a) ☐ hagan
b) ☐ hacen
c) ☐ harán

16 *Ojalá* es una palabra de origen ___.
a) ☐ latino
b) ☐ griego
c) ☐ árabe

17 Estoy aquí para lo que tú ___.
a) ☐ necesites
b) ☐ necesitas
c) ☐ necesitabas

18 El próximo ___, 5 de ___ tenemos un examen.
a) ☐ Viernes / Marzo
b) ☐ viernes / marzo
c) ☐ viernes / Marzo

19 En algunos países del norte de ___ se habla ___.
a) ☐ Africa / francés
b) ☐ África / francés
c) ☐ África / Francés

20 Yo soy de ___ y hablo ___.
a) ☐ Honduras / Español
b) ☐ honduras / español
c) ☐ Honduras / español

Total: ___ / 10 puntos

Evaluación — 8 Amor

Destrezas

1. COMPRENSIÓN DE LECTURA

1 Lee el texto y elige el título que crees que lo resume mejor. (____ / 1 punto)

1 tipos de amor ☐   2 otra invención griega ☐   3 amor solo hay uno ☐

2 ¿A cuál de los cuatro tipos de amor corresponden estas características? (____ / 8 puntos)

1 Es un amor que no dura mucho. _____
2 Se parece mucho a la solidaridad. _____
3 Se da sin esperar nada a cambio. _____
4 Es el amor que tienes a tus hermanos. _____
5 Este amor se desarrolla muy despacio. _____
6 Es el amor que se puede sentir por los compañeros de clase. _____
7 Puede ir unido a la pasión. _____
8 Solo tiene lugar si conoces bien a la persona. _____

3 El propósito del texto es: (____ / 1 punto)

1 informar al lector ☐   2 aconsejar sobre el amor ☐   3 dar una opinión ☐

En temas de amor, los griegos fueron los expertos, y lograron asignar diversas definiciones con la finalidad de aclarar algunas de las formas en las que manifestamos el amor

EROS
La mitología griega consideraba a Eros el dios del amor; sin embargo, este solo representaba la parte carnal: el deseo y la atracción sexual. Representaba el amor erótico, el que se manifiesta al principio de una relación, cuando la pasión y la curiosidad juegan un papel importante. Este tipo de amor es fugaz, determina el inicio de una aventura que, después, podría convertirse en algo más profundo.

STORGÉ
Conocido también como *amor fraternal*, lo desarrollamos hacia nuestra familia, los compañeros y los amigos. Bajo esta definición se dan las relaciones en las que el compromiso es fundamental, incluso podemos sentirlo hacia alguna mascota. Los griegos aseguraban que el afecto o amor *storgé* se da lentamente, que es necesario tener un conocimiento amplio de la persona para poder definirlo como tal.

PHILIA
Su palabra es *hermandad*. La intención de este tipo de amor es promover el bien común y la cooperación con otros seres humanos durante la convivencia. Tiene mucho más que ver con la psicología social y con cómo interactuamos con otras personas dentro de un ambiente determinado. Este tipo de amor es el que nos mueve a ser amables y solidarios con los otros y a trabajar en equipo.

ÁGAPE
Este es el concepto que resalta el lado más profundo de la palabra. Se refiere a un amor incondicional y reflexivo, en el que la prioridad siempre es el bienestar del ser amado. Esta definición le da un tono un poco religioso al amor, ya que lo podemos asociar con la filosofía cristiana sobre la divinidad y la devoción.

Total: ____ / 10 puntos

Evaluación

8 Amor

 ## 2. EXPRESIÓN ESCRITA

(Escribe al menos 250 palabras)

Escribe una carta a alguien que quieres.

Incluye:
- un encabezamiento y un saludo
- un párrafo con el motivo de tu carta
- un párrafo donde expresas tus sentimientos
- una despedida

▶ EVALUACIÓN DE TU PRODUCCIÓN ESCRITA

- **Lengua** (____ / 4 puntos)
- Léxico: relacionado con los sentimientos
- Gramática: el presente de subjuntivo

- **Contenido** (____ / 4 puntos)
- El encabezamiento y el saludo
- El motivo
- La expresión de los sentimientos
- La despedida

- **Formato: carta personal** (____ / 2 puntos)
- ¿Has incluido el encabezamiento?
- ¿Hay una buena estructura y una despedida?

Total: ____ / 10 puntos

 ## 3. EXPRESIÓN ORAL Y COMPRENSIÓN AUDITIVA (interacción)

(Mínimo, dos minutos)

Con un compañero, habla y opina sobre estos temas:

- ¿Se puede vivir sin amor?
- ¿Hay varios tipos de amor? ¿Cuáles?
- ¿Cómo es una persona romántica?
- ¿Qué significa estar enamorado/-a?

Incluye:
- vivir sin amor
- tipos de amor
- ser romántico/-a
- estar enamorado/-a

▶ EVALUACIÓN DE TU PRODUCCIÓN Y DE LA COMPRENSIÓN DE TU COMPAÑERO

- **Lengua** (____ / 4 puntos)
- Léxico: variado y correcto
- Gramática: el presente de subjuntivo

- **Contenido** (____ / 4 puntos)
- Vivir sin amor
- Tipos de amor
- Ser romántico/-a
- Estar enamorado/-a

- **Expresión** (____ / 2 puntos)
- Hablas con fluidez
- Tienes una buena pronunciación y entonación

- **Interacción** (____ / 10 puntos)
- Comprendes lo que dice tu compañero
- Respondes y reaccionas de manera coherente a lo que dice tu compañero

Total: ____ / 20 puntos

Total: ____ / 50 puntos

Mi progreso

Valora tu progreso después de esta unidad.

Mis habilidades

- Valorar e interpretar poemas
- Escribir un resumen
- Construir una historia
- Componer un poema
- Formular deseos
- Expresar finalidad

Mis conocimientos

- Léxico relacionado con los sentimientos, el amor y la amistad
- Mostrar solidaridad
- Analizar la situación de la sociedad
- Los factores afectivos
- La escucha activa
- Las mayúsculas y minúsculas

Soy más consciente

- Del significado del amor
- De lo que significa ser romántico
- De los distintos tipos de amor

 Bien    Adecuado   Mal

SOLIDARIDAD 9

ACOSO

1 Lee la siguiente información de la página web de la organización Save the Children y completa el texto con las siguientes palabras.

violencia   víctimas   diálogo   acoso
seguro   físico   castigo   académico

ACOSO ESCOLAR O *BULLYING*

La escuela debería ser siempre un espacio en el que sentirse (1) _____. Sin embargo, para muchos niños, la escuela se ha convertido en la fuente de un tipo de violencia del que son (2) _____ y que ejercen sus propios compañeros. Hay niños que, por distintas razones, sufren maltrato (3) _____ o psicológico por parte de otros niños a través de actitudes como la represión, la discriminación, la homofobia, la violencia sexual o el (4) _____ corporal.
Este tipo de (5) _____ entre iguales tiene efectos negativos en la salud física, el bienestar emocional y el rendimiento (6) _____ de los niños, especialmente si dicha violencia se repite en el tiempo, además de influir en el clima escolar del centro educativo.
Trabajamos en la prevención de situaciones de (7) _____ escolar o *bullying* en las escuelas, teniendo en cuenta a los niños y las niñas, al centro educativo, a las familias y a las Administraciones. Ofrecemos talleres dirigidos a niños, madres y padres para que estén preparados frente a estas situaciones y para que se generen espacios de (8) _____ en los que los niños puedan compartir sus vivencias.

Extraído de: www.savethechildren.es

2 Vuelve a leer la información anterior y responde a las siguientes preguntas.

1. ¿Cómo deberían sentirse los niños en la escuela?
2. ¿De quién son víctimas algunos niños en la escuela?
3. ¿Qué tipo de maltrato sufren algunos niños?
4. ¿Qué efectos tiene la violencia entre compañeros en las escuelas?
5. ¿Cuál es el objetivo de Save the Children?
6. ¿Qué actividades organiza Save the Children?

3 Describe los diferentes tipos de acoso.

1. acoso laboral
   Normalmente, se trata del maltrato psicológico a un trabajador por parte de los jefes o de sus compañeros, que puede provocar una enfermedad en la persona que lo sufre.
2. acoso escolar
   _____
   _____
   _____
3. acoso sexual
   _____
   _____
   _____
4. ciberacoso
   _____
   _____
   _____

4 Completa la tabla con las formas del condicional.

	estar	deber	compartir
yo	*estaría*		
tú		*deberías*	
él, ella, usted			*compartiría*
nosotros/-as	*estaríamos*		
vosotros/-as		*deberíais*	
ellos/-as, ustedes			*compartirían*

5 Completa los siguientes diálogos con los verbos en condicional.

1. ● Hoy he llegado a clase con una gorra y mis compañeros se han reído de mí. ¿Tú qué _____ (hacer)?
   ■ Yo, en tu lugar, _____ (decírselo) a tus mejores amigos de la clase y los _____ (animar) a llevar a clase la misma gorra.
2. ● Me han robado mi mejor bolígrafo y creo que sé quién ha sido.
   ■ Yo que tú, _____ (poner) una nota en la pared de la clase explicando qué ha pasado y _____ (esperar) un día o dos para ver si te lo devuelven.
3. ● Soy nuevo en el instituto. Hace dos meses que empezaron las clases y todavía no tengo ningún amigo. ¿Crees que _____ (poder) ayudarme?
   ■ Yo, _____ (hacer) una fiesta en tu casa e _____ (invitar) a toda la clase.

ochenta y cinco **85**

Solidaridad

6 🎧 16 Escucha los siguientes problemas y escribe un consejo para cada persona con las siguientes estructuras.

1. Deberías _____
2. Yo, en tu lugar, _____
3. Yo que tú, _____
4. Podrías _____

CIUDADANÍA Y DISCAPACIDAD

7 Completa las frases con las siguientes palabras.

intelectual   sordo   ciego   síndrome

discapacidad   signos

1. Cuando tenía 15 años sufrí una enfermedad muy grave y me quedé _____. Ahora, gracias a mi perro guía, puedo tener una vida casi como la que tenía antes.
2. Tengo _____ de Down y vivo con mi madre y con mi hermano. Voy a una escuela especial para personas con discapacidad _____ y me divierto mucho con mis compañeros.
3. Cuando era pequeño, mis padres pensaban que tenía dificultades para aprender a hablar y después de algunas pruebas descubrieron que era _____. Ahora me comunico con ellos y con mis amigos en lengua de _____.
4. Voy en una silla de ruedas desde que tuve un accidente de moto. Ahora conduzco un coche adaptado para personas con _____ física.

8 Lee el siguiente texto publicado en una página web y escribe un título.

9 Lee de nuevo el texto y marca si las siguientes afirmaciones son verdaderas (V) o falsas (F):

1. El Día Internacional de las Personas con Discapacidad se celebra en diciembre todos los años. ☐
2. El objetivo de la celebración del Día Internacional de las Personas con Discapacidad es integrar a estas personas en sus comunidades. ☐
3. En este día, las personas con discapacidad organizan actividades con su comunidad para disfrutar de sus derechos. ☐
4. Naciones Unidas aprobó el Programa de Acción Mundial para Personas con Discapacidad hace más de 30 años. ☐

10 Busca palabras o expresiones en el texto que signifiquen:

1. incorporación (párrafo 1) _____
2. finalidad (párrafo 1) _____
3. conseguir (párrafo 2) _____
4. promocionar (párrafo 2) _____

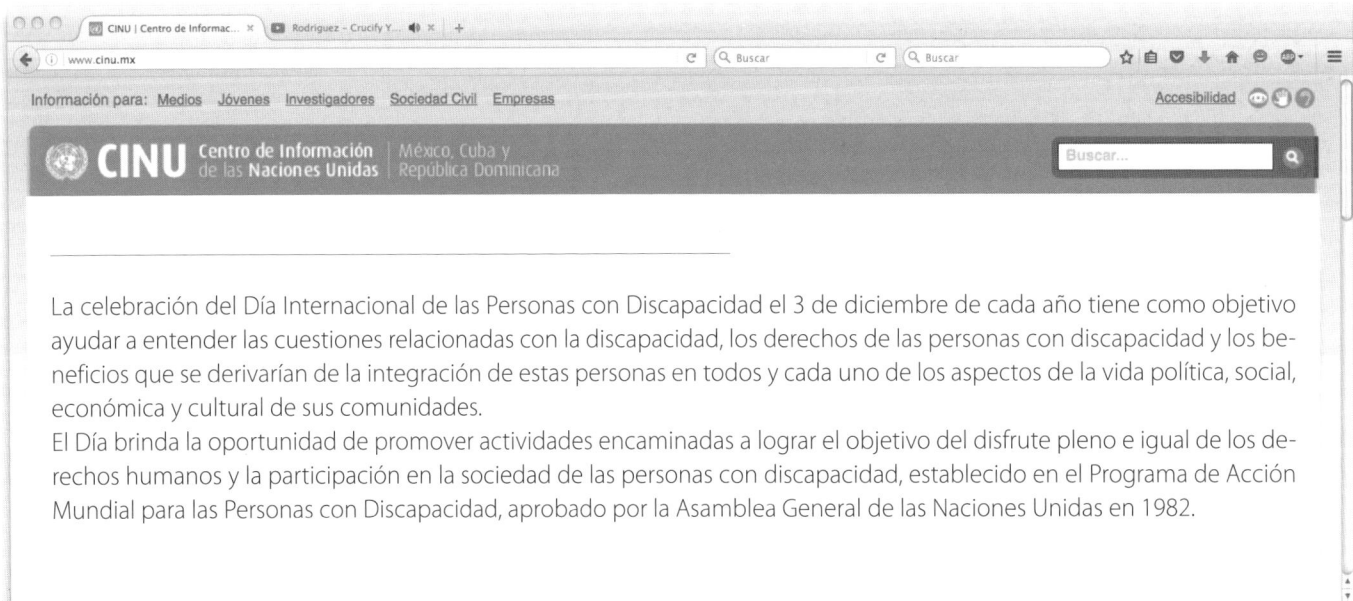

La celebración del Día Internacional de las Personas con Discapacidad el 3 de diciembre de cada año tiene como objetivo ayudar a entender las cuestiones relacionadas con la discapacidad, los derechos de las personas con discapacidad y los beneficios que se derivarían de la integración de estas personas en todos y cada uno de los aspectos de la vida política, social, económica y cultural de sus comunidades.
El Día brinda la oportunidad de promover actividades encaminadas a lograr el objetivo del disfrute pleno e igual de los derechos humanos y la participación en la sociedad de las personas con discapacidad, establecido en el Programa de Acción Mundial para las Personas con Discapacidad, aprobado por la Asamblea General de las Naciones Unidas en 1982.

Extraído de: www.cinu.mx

Solidaridad 9

11 Completa las siguientes frases.

1. FELICITAR: Felicita a tu compañero que ha aprobado el examen.
   ¡Felicidades por aprobar el examen!
2. PROPONER: Propón una actividad a tu mejor amigo.
   ¿Quieres _____?
3. PEDIR ALGO: Pide algo a un compañero de clase.
   ¿Podrías _____?
4. DAR UNA INFORMACIÓN: Informa a tus primos sobre algo.
   Os escribo para deciros que _____.
5. PREGUNTAR: Pregunta a tus compañeros.
   ¿Sabéis _____?
6. AGRADECER: Da las gracias a tu profesor(a) por algo.
   Muchas gracias por _____.
7. ACONSEJAR: Da un consejo a un amigo que tiene un problema en clase con un compañero.
   Deberías _____.

12 Relaciona las frases.

1. Me ha preguntado ☐
2. Me ha dicho ☐
3. Julio me ha pedido ☐
4. El otro día me propuso ☐
5. Ayer, mi profesora me felicitó ☐
6. Me ha dado las gracias ☐

a. el móvil para hacer una llamada.
b. porque era mi cumpleaños.
c. que han cambiado el horario de la clase de español.
d. por acompañarla hasta casa.
e. pasar el fin de semana con su familia en la montaña.
f. si he ido esta mañana a clase.

13 Escribe qué crees que les han dicho exactamente, como en el ejemplo.

1. Me ha felicitado por aprobar el curso.
   Has aprobado el curso. ¡Felicidades!
2. Unos amigos me han propuesto pasar el fin de semana con su familia en la playa.
   _____
3. Un compañero me ha dado las gracias por ayudarlo con los ejercicios de matemáticas.
   _____
4. Una señora en la calle me ha preguntado si hay una panadería cerca.
   _____
5. Después del concierto, mis padres me han felicitado porque he tocado la guitarra muy bien.
   _____
6. Anabel me ha pedido una hoja de papel.
   _____
7. El entrenador de fútbol me ha preguntado qué días puedo jugar.
   _____
8. Mi hermano me ha dicho que tiene novia.
   _____

14 Comenta con un amigo los consejos, peticiones y recomendaciones que te han dado. Escríbelo.

1. Ayuda siempre a tus compañeros.
   Me han aconsejado que _____
2. ¿Puedes participar en la organización de la fiesta de fin de curso?
   Me han propuesto que _____
3. Deberías informarte de lo que pasa en tu ciudad.
   Me han sugerido que _____
4. Ve a pie, en bici o en transporte público por la ciudad. Es más ecológico.
   Me han recomendado que _____
5. Deja el videojuego y haz deporte.
   Me han ordenado que _____
6. Si ves algún caso de acoso en tu clase, denúncialo.
   Me han aconsejado que _____
7. ¿Podrías dejar el asiento libre para aquella señora?
   Me han pedido que _____

ochenta y siete **87**

Solidaridad

15 ¿Eres un buen ciudadano? ¿Qué puedes hacer para ayudar a tu comunidad? Lee el siguiente artículo y toma nota de las cosas que vas a hacer o puedes hacer tú para colaborar con tu ciudad. Después, coméntalo con tus compañeros.

AYUDA A TU COMUNIDAD

Los buenos ciudadanos participan activamente en su comunidad para mejorar la vida de sus conciudadanos. Todos queremos ser buenos ciudadanos y, con un poco de planificación y esfuerzo, cualquiera puede serlo

1 Obtén una buena educación. Una de las mejores cosas que podrás hacer por tu comunidad es obtener una buena educación. Cuando uno la tiene, obtiene mejores empleos y contribuye más a la economía.

2 Trabaja duro. Cuando uno trabaja duro, brinda servicios a los demás y gana dinero, lo cual contribuye a fortalecer la economía en su área. Si no tienes trabajo, busca la oficina de desempleo local de tu comunidad para que te ayuden a encontrarlo.

3 Mantente al corriente de las noticias. Lee el periódico y mantente informado de los problemas que te afectan a ti, a tu área y al resto del país.

4 Comparte tu buena fortuna. Si te va tan bien que tienes tiempo o dinero extra, devuélveselo a tu comunidad como agradecimiento.
-Haz trabajo voluntario en las organizaciones que consideras importantes.
-Ayuda a los que no tienen hogar. Sé voluntario en el comedor de beneficencia o en el albergue local para las personas que viven en la calle.
-Haz donaciones. Dona dinero a organizaciones locales, nacionales o internacionales.

5 Dona sangre. La sangre salva las vidas de miles de personas todos los días. Donar sangre es especialmente importante cuando hay una crisis.

6 Obtén capacitación de emergencia. Capacítate para primeros auxilios, además de otras capacitaciones de emergencia, como las de desastres naturales, para que puedas ayudar a tus conciudadanos cuando surja alguna emergencia.

7 Crea empleos. Crea oportunidades de trabajo cada vez que puedas. Contrata a alguien y págale justamente.

8 Mantente sano. Es importante que cuides tu cuerpo y te mantengas lo más sano posible. Cuando uno se enferma, pone a los demás en riesgo y ocupa el valioso espacio de los consultorios médicos y hospitales que podrían usarse para otras personas.

Extraído de: www.es.wikihow.com

VOLUNTARIADO

16 Relaciona las siguientes definiciones con las palabras de la derecha.

1 Pertenece al Gobierno:
2 Defiende una religión:
3 Su objetivo es ayudar a las personas:
4 No es público o del Estado:
5 No busca ganar dinero:
6 Defiende la naturaleza y la conservación del medioambiente:
7 Busca la paz:

a ecologista
b pacifista
c gubernamental
d confesional
e sin ánimo de lucro
f humanitario/-a
g privado/-a

17 Busca información en internet sobre una ONG y completa los siguientes datos.

Nombre de la ONG:
¿Quiénes son?
¿Qué hacen?
¿A qué personas va dirigida?
¿En qué países desarrolla sus actividades?
¿Qué fuentes de financiación económica tiene?

18 ¿Colaborarías con la ONG que has elegido? ¿Por qué?

19 Completa la tabla con los verbos que faltan en pretérito imperfecto de subjuntivo.

	ser / ir	poder	tener
yo	fuera		tuviera
tú		pudieras	
él, ella, usted	fuera		tuviera
nosotros/-as		pudiéramos	
vosotros/-as	fuerais		tuvierais
ellos/-as, ustedes		pudieran	

Solidaridad 9

20 Completa las frases con condicional o pretérito imperfecto de subjuntivo.

1. Si _____ (tener, tú) tiempo, ¿_____ (colaborar) con una ONG?
2. Yo _____ (donar) una parte de mi salario a una ONG si _____ (tener) trabajo.
3. Si yo _____ (ser) el director de esta escuela _____ (proponer) la solidaridad como asignatura.
4. Nosotros _____ (ir) a un proyecto de voluntariado a Sri Lanka si _____ (poder) pagar el viaje.
5. ¿Qué _____ (hacer, tú) si _____ (ser) presidente de tu país?
6. Si mi madre _____ (poder) estudiar de nuevo, seguro que _____ (estudiar) Medicina para trabajar con Médicos Sin Fronteras.
7. Si mis padres _____ (ser) ricos, _____ (ayudar) a mucha gente.
8. Si este fin de semana no _____ (tener, yo) que estudiar para el examen del lunes, _____ (participar) en el concierto benéfico.

21 🎧 17 *Qué harías si...* es el nombre de un programa de radio que propone a su público que deje en el contestador la respuesta a una pregunta que todos los días es diferente. Escucha y toma nota de sus respuestas.

La pregunta del lunes:
1. ¿Qué harías si pudieras cambiar el mundo?
_____

La pregunta del martes:
2. ¿Qué harías si no tuvieras un lugar para vivir?
_____

La pregunta del miércoles:
3. ¿Qué harías si fueras el alcalde de tu ciudad?
_____

La pregunta del jueves:
4. ¿Qué harías si pudieras vivir sin trabajar?
_____

La pregunta del viernes:
5. ¿Qué harías si fueras la persona más rica del mundo?
_____

22 Ahora, responde tú a las preguntas anteriores.

1. _____
2. _____
3. _____
4. _____
5. _____

23 Lee la siguiente información sobre la Fundación Pies Descalzos y responde a las preguntas.

1. ¿Quién fundó Pies Descalzos? _____
2. ¿A qué colectivo va dirigida? _____
3. ¿Qué hace? _____

Fundación Pies Descalzos

Somos una organización no gubernamental colombiana, creada por la artista Shakira en 1997. Trabajamos para la construcción de una Colombia más equitativa y solidaria, con mayores oportunidades para los niños y las niñas.

Misión

Apostamos por una Colombia equitativa a través de la educación pública de calidad. Lo hacemos construyendo espacios educativos dignos, generando pedagogías innovadoras, apoyando la nutrición, brindando atención psicosocial y promoviendo el desarrollo comunitario, para niñas y niños en situación de vulnerabilidad.

24 Lee la información sobre voluntariado para Pies Descalzos y señala si las siguientes frases son verdaderas.

1. Necesitan profesores de inglés y psicólogos. ☐
2. Necesitan expertos en medicina. ☐
3. Aceptan voluntarios para menos de un mes. ☐
4. Lo primero que hay que hacer para ser voluntario es enviar el currículum. ☐

Información voluntariado

El programa de voluntariado de la Fundación Pies Descalzos es una oportunidad de aprendizaje y una experiencia inolvidable que busca intercambiar conocimientos entre los voluntarios, los niños y niñas, sus familias y la comunidad.
En nuestra fundación, tanto los voluntarios como las comunidades tienen un crecimiento personal, que genera confianza, solidaridad y reciprocidad.
Actualmente, estamos buscando voluntarios en estas áreas:
- Educación
- Apoyo a una segunda lengua (inglés)
- Apoyo psicosocial (individual o grupal)
- Ayuda en proyectos comunitarios
- Ayuda en la construcción y reparación de estructuras y edificios (voluntariado grupal o empresarial)

Por un periodo mínimo de un mes y con una intensidad horaria de, mínimo, 20 horas semanales.
Si cumples con los requisitos anteriores, como primer paso para ingresar al voluntariado, regístrate y envíanos tu hoja de vida. Adicionalmente, cuéntanos el tiempo del que dispones para realizar el voluntariado (fechas y horarios).

Extraído de: www.fundacionpiesdescalzos.com

25 Quieres ir a Colombia a colaborar con la Fundación Pies Descalzos. Escribe una carta de motivación.

ochenta y nueve **89**

Más léxico

9 Solidaridad

26 Escribe los sustantivos o los verbos que faltan.

1. acosar: *acoso*
2. _____: insulto
3. abusar: _____
4. _____: denuncia
5. agredir: _____
6. _____: amenaza
7. maltratar: _____
8. _____: sufrimiento

27 Clasifica las siguientes palabras.

síndrome de Down   movilidad reducida

sordo   ciego   paralítico   autista

 Discapacidad visual

 Discapacidad auditiva

 Discapacidad física

 Discapacidad intelectual

28 ¿Qué hacen estas personas?

pedir   felicitar   dar las gracias   proponer

preguntar   decir   aconsejar   exigir

1. Agradezco lo que estás haciendo por mí. _____
2. ¡Queremos un parque en nuestro barrio ya! _____
3. ¿Te apetece venir a un concierto esta noche? _____
4. ¿Puedes ayudarme a cruzar la calle, por favor? _____
5. ¡Enhorabuena por el premio que habéis recibido! _____
6. ¿Sabes cuándo es el Día Internacional de la Mujer? _____
7. Te recomiendo que vayas al médico si tienes mucha fiebre. _____
8. Esta ciudad no está preparada para las personas que tienen movilidad reducida. _____

29 Escribe los contrarios.

1. injusticia: _____
2. desigualdad: _____
3. guerra: _____
4. desprotección: _____
5. subdesarrollo: _____
6. insolidaridad: _____

30 Completas las frases con las siguientes palabras. Sobran dos.

solidaridad   dignidad   protección   desarrollo

igualdad   defensa   donación   comercio justo

emergencia   paz

1. Uno de los objetivos del _____ es mejorar el acceso al mercado de los productores más desfavorecidos.
2. Todos los seres humanos tienen derecho a vivir con _____ y a desarrollarse integralmente.
3. Después de tres años de guerra finalmente se ha conseguido la _____.
4. El Gobierno ha aprobado la _____ salarial entre hombres y mujeres.
5. Millones de personas en el mundo padecen hambre, si quieres colaborar para que esto no ocurra, haz una _____.
6. Los proyectos de _____ de los derechos humanos son esenciales para garantizar una vida digna a personas en situación de vulnerabilidad.
7. El Gobierno ha declarado la situación de _____ nacional a causa de la sequía que azota nuevamente el país.
8. La _____ es un valor personal que supone la capacidad que tienen los miembros que pertenecen a una comunidad de ayudarse.

31 Escribe las siglas.

1. Fondo Monetario Internacional: _____
2. Organización Mundial de la Salud: _____
3. Real Academia Española: _____
4. Médicos Sin Fronteras: _____
5. Producto Interno Bruto: _____
6. Organización No Gubernamental: _____
7. Recursos Humanos: _____
8. Alto Comisionado de las Naciones Unidas para los Refugiados: _____

32 Estos son los objetivos de la organización Save de Children. Traduce el texto en tu cuaderno.

Ayudamos a los niños a sobrevivir y a estar protegidos cuando golpea un desastre, cuando les amenazan las balas de un conflicto o cuando se exponen a los efectos de cualquier crisis humanitaria. Trabajamos sin descanso para que no pierdan ni un solo día de su educación y para que ellos y sus familias recuperen su vida y su dignidad lo antes posible

Videoblog

9 Solidaridad

IGUALDAD

1 ¿De qué discapacidades se habla en el vídeo? Márcalas con una X.

1. ☐ Personas que necesitan silla de ruedas.
2. ☐ Personas con discapacidad auditiva.
3. ☐ Personas con síndrome de Down.
4. ☐ Personas con discapacidad visual.
5. ☐ Personas con síndrome de Asperger.
6. ☐ Personas con autismo.
7. ☐ Personas con epilepsia.

2 A Fíjate en el vídeo de Martina y contesta a las siguientes preguntas. ¿Dónde pueden tener dificultades, en una ciudad, las personas...

1. que necesitan silla de ruedas? _____
2. que no pueden ver? _____

B Vas a volver a ver un fragmento del vídeo de Martina. ¿Cómo ha solucionado Madrid el problema de los ciegos en los semáforos para cruzar las calles?

3 Piensa en el lugar en el que vives. ¿Qué dificultades tienen las personas discapacitadas? ¿Son las mismas que aparecen en el vídeo? ¿Qué cambios ha hecho o está haciendo tu Ayuntamiento para dar soluciones a los problemas de los discapacitados? Coméntalo con tus compañeros.

4 A Lee los siguientes fragmentos del vídeo y completa las frases.

1. Martina: Ojalá que las viejas estaciones _____ con rapidez sus instalaciones para que todo el mundo, sin excepción, _____ utilizarlas.
2. Jaime: Para que todo el mundo _____ ser totalmente independiente es preciso que _____ muchas cosas.

B Con tu compañero, haz una lista con tres deseos y tres cosas que son precisas para facilitar la integración de los discapacitados en la vida diaria en el lugar en el que vives.

Ojalá... / Queremos...
1. _____
2. _____
3. _____

Es preciso que...
1. _____
2. _____
3. _____

5 A Mira el vídeo y contesta a las preguntas.

1. ¿Qué es un perro guía?
2. ¿A quién puede ayudar un perro?

B ¿Estás de acuerdo con la frase que dice Martina en el vídeo «El perro es realmente el mejor amigo del hombre»? Coméntalo con tus compañeros.

Pues yo sí que estoy de acuerdo, yo creo que los perros son fieles al hombre...
Yo creo que algunos hombres tratan a los perros mejor que a las personas y eso tampoco es normal porque...

noventa y uno **91**

Evaluación — 9 Solidaridad

Lengua y comunicación

1 Un amigo mío ha presentado ___ por acoso.
a) ☐ un abuso
b) ☐ una denuncia
c) ☐ un insulto

2 Un compañero de clase ha pegado ___ un chico de otro curso.
a) ☐ de
b) ☐ a
c) ☐ Ø

3 Si sufres amenazas de un compañero, ___ con tu profesor.
a) ☐ hable
b) ☐ hablarías
c) ☐ deberías hablar

4 No tienes buena cara. ___ iría al médico.
a) ☐ Yo, en tu lugar,
b) ☐ Deberías
c) ☐ Podrías

5 Yo que tú, ___ a recepción para informarme.
a) ☐ iría
b) ☐ irías
c) ☐ iríais

6 No sé si invitar a Sergio a la fiesta, ¿tú qué ___?
a) ☐ haría
b) ☐ harías
c) ☐ haríais

7 Las personas con síndrome de Down tienen una discapacidad ___.
a) ☐ visual
b) ☐ intelectual
c) ☐ auditiva

8 Mi hermano tiene una discapacidad ___, y por eso va en silla de ruedas.
a) ☐ intelectual
b) ☐ física
c) ☐ movilidad

9 Silvia me ha ___ por el regalo que le di en su cumpleaños.
a) ☐ felicitado
b) ☐ dado las gracias
c) ☐ propuesto

10 La profesora me ha preguntado ___ es mi cumpleaños hoy.
a) ☐ cuándo
b) ☐ si
c) ☐ que

11 Mi amiga Ana me ha pedido que la ___ a su casa.
a) ☐ acompañe
b) ☐ acompaña
c) ☐ acompaño

12 La policía aconseja que ___ todos los casos de acoso.
a) ☐ denunciaríamos
b) ☐ denunciemos
c) ☐ denunciamos

13 Voy a colaborar con una ONG ___ para luchar por el medioambiente.
a) ☐ pacifista
b) ☐ gubernamental
c) ☐ ecologista

14 Muchas ONG tienen programas de ___ en África.
a) ☐ desarrollo
b) ☐ justicia
c) ☐ humanitarios

15 Médicos Sin Fronteras es una organización ___ ánimo de lucro.
a) ☐ sin
b) ☐ con
c) ☐ de

16 Greenpeace no acepta ___ de Gobiernos.
a) ☐ derechos
b) ☐ donaciones
c) ☐ partidos

17 Si ___ trabajar en una ONG, ___ con Amnistía Internacional.
a) ☐ podría / trabajaría
b) ☐ pudiera / trabajaría
c) ☐ pudiera / trabajaré

18 Yo ___ muchas cosas si ___ el presidente de mi país.
a) ☐ cambiaría / sería
b) ☐ cambiaría / fuera
c) ☐ cambiaré / sería

19 ¿Y vosotros qué ___ por vuestra ciudad si ___ mucho dinero?
a) ☐ harías / tuvieras
b) ☐ harías / teníais
c) ☐ haríais / tuvierais

20 Las siglas de la Unión Europea son ___.
a) ☐ EU
b) ☐ UE
c) ☐ EE. UU.

Total: _____ / 10 puntos

Evaluación

9 Solidaridad

Destrezas

1. COMPRENSIÓN DE LECTURA

1 Lee dos cartas al director publicadas en dos periódicos diferentes y elige uno de los siguientes títulos para cada una. (___ / 2 puntos)

a Acoso escolar ☐
b Ser un buen ciudadano ☐
c Promover el buen uso de las redes ☐
d Contra el acoso laboral ☐

2 Lee la carta 1 y continúa las frases con la opción más adecuada según el texto. (___ / 4 puntos)

1 En los últimos años...
   a ☐ hay menos violencia de género y acoso.
   b ☐ son frecuentes la violencia de género y el acoso.
   c ☐ no hay violencia de género ni acoso.

2 La gente joven...
   a ☐ lucha por cambiar la situación.
   b ☐ puede cambiar la situación.
   c ☐ no puede cambiar la situación.

3 Las redes sociales...
   a ☐ ayudan a educar a los niños.
   b ☐ no ayudan a cambiar la situación.
   c ☐ educan a los niños.

4 Todos debemos...
   a ☐ educar para utilizar bien las redes sociales.
   b ☐ diferenciar quién es amigo y quién es enemigo.
   c ☐ educar a los niños.

3 Lee la carta 2 y señala si las siguientes frases son verdaderas (V) o falsas (F). (___ / 4 puntos)

1 Más de la mitad de los alumnos es víctima de acoso escolar. ☐
2 La prensa informa de los casos de acoso. ☐
3 La sociedad es consciente del problema, pero no hace nada. ☐
4 Es necesario que los profesores, los padres y los alumnos hagan algo. ☐

Carta 1: _____   Carta 2: _____

JAVIER LUENGO MOYA **Torrejón de Ardoz, Madrid**
En estos últimos años, están a la orden del día los delitos de violencia de género, acosos escolares, acosos sexuales... Los jóvenes, que son ahora los que tienen la capacidad de cambiarlo mediante la educación, el respeto, etcétera, están dejando pasar ese tren que podría hacer cambiar a la sociedad y avanzar hacia la igualdad de género, en definitiva, hacia el futuro. Pero las redes sociales, a las que todos ellos tienen un acceso relativamente fácil en el momento que tienen un ordenador o un *smartphone*, no ayudan a ese avance... Por ello, desde los centros educativos, lo que se debe hacer es promover el buen uso de las redes y educar a los niños (colectivos de entre 12 y 15 años) para que ellos mismos se den cuenta de lo que es delito, quién es amigo, quién es enemigo, cosas que tienen que poder diferenciar ellos mismos con ayuda de padres, profesores y hermanos. Por ellos, todos juntos debemos promoverlo.

Extraído de: www.elpais.com

Los datos cantan por sí solos. El 41 % de los alumnos de nuestro país, entre siete y ocho años, sufre acoso escolar. [...] Los diarios publican dichos datos escalofriantes, ¿y qué se hace? Nada de nada. [...] Es un problema de todos, de nuestros políticos, del Departamento de Enseñanza, del profesorado, de los padres de los alumnos y de los propios alumnos. Colaborando siempre todos juntos y asumiendo cada uno el rol que le corresponda, se deben tomar las medidas oportunas ya para paliar una situación que, por los datos descritos, es inaceptable y preocupante para todos. ¿O no?
– **J.L.R.**

Extraído de: www.20minutos.es

Total: ___ / 10 puntos

Evaluación

9 Solidaridad

 2. EXPRESIÓN ESCRITA

(Escribe al menos 250 palabras)

Escribe una carta de motivación para un puesto de voluntario en una ONG o en una fundación.

Incluye:
- destinario y fecha
- el motivo de tu carta
- tu formación y cualidades
- saludo y despedida

▶ EVALUACIÓN DE TU PRODUCCIÓN ESCRITA

- **Lengua** (___ / 4 puntos)
- Léxico: vocabulario relacionado con las ONG, la solidaridad, las habilidades, la formación y la experiencia profesional
- Gramática: presente, pasados, condicional

- **Contenido** (___ / 4 puntos)
- Destinatario y fecha
- Motivo
- Formación y habilidades
- Saludo y despedida

- **Formato: carta de motivación** (___ / 2 puntos)
- ¿Has escrito en el lugar adecuado la fecha, el lugar, el saludo y la despedida?
- ¿Has utilizado un registro formal?

Total: ___ / 10 puntos

 **3. EXPRESIÓN ORAL Y COMPRENSIÓN AUDITIVA (interacción)**

(Mínimo, dos minutos)

Con un compañero habla y opina sobre cómo mejorar la sociedad en general.

Incluye:
- descripción de los problemas más urgentes
- la aportación a la sociedad de las ONG y las fundaciones
- consejos o sugerencias para mejorar la situación
- acuerdo o desacuerdo con tu compañero

▶ EVALUACIÓN DE TU PRODUCCIÓN Y DE LA COMPRENSIÓN DE TU COMPAÑERO

- **Lengua** (___ / 4 puntos)
- Léxico: variado y correcto
- Gramática: condicional, *si* + imperfecto de subjuntivo

- **Contenido** (___ / 4 puntos)
- Describir los problemas que existen en la sociedad
- Comentar qué aportan las ONG y las fundaciones
- Dar consejos o recomendaciones
- Expresar acuerdo o desacuerdo

- **Expresión** (___ / 2 puntos)
- Hablas con fluidez
- Tienes una buena pronunciación y entonación

- **Interacción** (___ / 10 puntos)
- Comprendes lo que dice tu compañero
- Respondes y reaccionas de manera coherente a lo que dice tu compañero

Total: ___ / 20 puntos

Total: ___ / 50 puntos

Mi progreso

Valora tu progreso después de esta unidad.

Mis habilidades

- Transmitir mensajes de otra persona
- Expresar condiciones poco probables
- Escribir una carta al director
- Escribir una carta de motivación

Mis conocimientos

- Léxico relacionado con el acoso, la discapacidad, la solidaridad y las organizaciones no gubernamentales
- Mostrar solidaridad
- Analizar la situación de la sociedad
- El trabajo colaborativo
- Las siglas

Soy más consciente

- De los problemas que afectan a la sociedad
- De la importancia de ser solidario
- De lo que hacen las ONG y las fundaciones

 Bien    Adecuado   Mal

Más gramática y ejercicios

Sustantivos   96

Adjetivos   97

Artículos   98

Adverbios   98

Cuantificadores   99

Formas no personales del verbo   100
- A. El infinitivo
- B. El gerundio
- C. El participio

Tiempos compuestos del indicativo   103
- A. Futuro compuesto
- B. Condicional compuesto

Las oraciones pasivas   105

El subjuntivo   105
- A. Pretérito perfecto
- B. Pretérito imperfecto
- C. Pretérito pluscuamperfecto

Oraciones subordinadas   111
- A. Oraciones de relativo
- B. Oraciones temporales
- C. Oraciones finales
- D. Oraciones condicionales
- E. Oraciones consecutivas
- F. Oraciones concesivas
- G. Oraciones modales

Más gramática y ejercicios

SUSTANTIVOS

El género

Los sustantivos en español pueden ser masculinos o femeninos. Una de las características del sustantivo es que marca la concordancia con las palabras con las que se combina (artículos, adjetivos...).

En personas y animales, el género puede indicar el género (*el niño, la niña; el león, la leona*), pero a veces no hay indicación de género: *la persona, la serpiente...*

Hay palabras referidas a personas que no tienen cambio por género, pero lo indican por el artículo: *el/la turista, el/la policía; el/la rehén; el/la testigo...*

Cuando no hay diferencia de género, en general son masculinos los que acaban en **-o** y los terminados en:
-ar, -er, -or: *el lugar, el alquiler, el amor* (excepto *la flor*);
-aje: *el viaje, el equipaje*.

También son masculinos los días de la semana, los números, los puntos cardinales, los idiomas y los colores: *el martes, el 23, el norte, el ruso, el rojo*.

En general son femeninos los sustantivos que acaban en **-a** y los terminados en:
-ción, -sión: *la acción, la pasión*;
-ad: *la ciudad, la facultad, la felicidad*;
-ez o **-iz**: *la sencillez, la actriz*.

También son femeninos los nombres de ciudades acabados en **-a**: *Roma es preciosa*; o las letras del alfabeto: *la a*.

Algunas palabras cambian de significado según el género:

el pendiente   *la* pendiente (desnivel)

Algunos sustantivos son femeninos, pero van acompañados de un artículo en masculino singular cuando el sustantivo comienza con **a-** o **ha-** tónica para facilitar la pronunciación: *el agua, el aula, el hacha, el acta, el águila...*
***El** agua está muy <u>fría</u>.*

Van en femenino en singular cuando hay otra palabra delante: *el aula / **la** nueva aula*

1 Escribe el artículo de los siguientes sustantivos.

1 ____ traición   8 ____ uve doble
2 ____ timidez   9 ____ actividad
3 ____ traje   10 ____ cinco
4 ____ sur   11 ____ calor
5 ____ taller   12 ____ amistad
6 ____ sábado   13 ____ agua
7 ____ presión   14 ____ peral

2 ¿Qué diferencia hay entre estas palabras? Relaciona.

1	el cura	a	de mi iglesia
2	la cura	b	de esta enfermedad
3	el orden	c	que me da mi jefe
4	la orden	d	de mi habitación
5	el cometa	e	que orbita alrededor del Sol
6	la cometa	f	con la que juego en la playa
7	el capital	g	de un país
8	la capital	h	que aporto para montar un negocio
9	el cólera	i	que provocó una bacteria
10	la cólera	j	es lo mismo que la ira o el enfado

El número

El sustantivo y otras palabras tienen número para indicar singular o plural. Para formar el plural de los sustantivos o de los adjetivos hay que observar cómo terminan en singular.

Si terminan en:	El plural se forma con:	Ejemplos:
vocal	-s	*la casa – las casas*
í (tónica) ú (tónica)	-s, -es	*el bisturí – los bisturís/los bisturíes* el tabú – los tabús/los tabúes*
consonante	-es	*el reloj – los relojes*

* Es más usada la terminación **-s**: *maniquís*. Se considera culta la terminación **-es**: *maniquíes*.

Algunos sustantivos terminados en **-ú** forman el plural solo con **-s**: *vermú – vermús, menú – menús, champú – champús...*

Además, hay que tener en cuenta:

- Cuando los sustantivos en singular acabados en consonante llevan tilde en la última sílaba, la pierden en el plural: *el camión – los camiones*.

- Las palabras acabadas en **-z** cambian a **-c-** en plural: *la vez – las veces*.

Más gramática y ejercicios

- Hay sustantivos que siempre van en plural: *los víveres, las cosquillas...*

- También hay sustantivos que se refieren a objetos que tienen dos partes iguales y suelen ir en plural, aunque también es correcto usarlos en singular: *la tijera/las tijeras, el pantalón/los pantalones...*

- Hay sustantivos invariables que distinguen el singular del plural con el artículo: *la/las crisis, el/los martes, el/los paraguas...*

- Hay sustantivos que solo se escriben en singular: los nombres de los metales (*el oro, la plata...*); las profesiones (*la diplomacia, la abogacía*); las etapas de la vida (*la vejez, la niñez*); los puntos cardinales (*norte, sur*) o los defectos y las virtudes (*la generosidad, la pereza*).

En los sustantivos no contables (*el agua, el arroz*) se emplea el plural para indicar un tipo, una clase, una cantidad:
Tomaré un café (= una taza).
Son dos arroces distintos (= dos calidades distintas).

3 Escribe el plural de los siguientes sustantivos.

1. la ley _____
2. el esquí _____
3. el pez _____
4. el autobús _____
5. el viernes _____
6. el sacacorchos _____
7. la amabilidad _____
8. el atlas _____
9. el café _____
10. el análisis _____
11. el rey _____
12. el pan _____

ADJETIVOS

Los adjetivos van normalmente después del sustantivo y dan información sobre el mismo: *El chico <u>alemán</u> es mi amigo.*

También aparecen después de verbos como *ser, estar, parecer*: *El chico es <u>alemán</u>.*

Van delante del sustantivo los cuantificadores (*segundo curso*), los posesivos (*nuestra casa*) y algunos adjetivos de tipo valorativo (*buen, mal, feliz, gran, triste*): *una triste noticia, una buena persona...*

Cuando van antes del sustantivo pueden dar un valor enfático: *Es un problema grave.* → *Es un <u>grave</u> problema.*

También puede ir antes del sustantivo en textos literarios: *Surgió un <u>tímido</u> amor.*

Existen construcciones que son fijas: *bellas artes, presunto culpable, alto cargo, sentido común, jugada perfecta, alta velocidad...*

4 Elige la opción correcta. En algún caso las dos opciones son válidas.

1. Esta es la *primera vez/vez primera* que voy a la ópera.
2. Esta obra la pintó Picasso y lleva el certificado del tasador, es un *auténtico cuadro/cuadro auténtico*.
3. Interpretó una *bonita canción/canción bonita*.
4. Este es el *último cliente/cliente último* que queda en la tienda.
5. El arquitecto hizo un proyecto de un *acristalado edificio/edificio acristalado*.
6. Para resolver el problema hay que tener *común sentido/sentido común*.
7. El *verdadero problema/problema verdadero* es que la empresa se ha quedado sin clientes.
8. Fuimos a Madrid en un tren de *alta velocidad/velocidad alta*.

Cambio de significado

En algunos casos, el adjetivo cambia de significado según su posición.

adjetivo	ejemplos
antiguo	Mi coche antiguo (viejo) Mi antiguo coche (anterior)
puro	El aire puro (limpio) La pura verdad (simple)
viejo	Un amigo viejo (que no es joven) Un viejo amigo (que conozco desde hace años)
raro	Un accidente raro (extraño) Un raro accidente (poco común)
único	Una persona única (que es especial) Una única persona (solo una persona)

*Mi abuela es una persona **única**.*

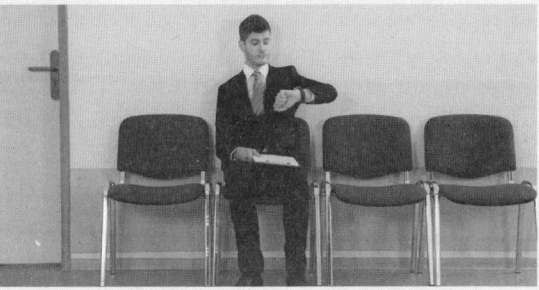

*Solo vino una **única** persona a la entrevista.*

Más gramática y ejercicios

5 Lee las siguientes frases. ¿Qué significan los adjetivos según su posición? Relaciona.

1 Hay gente muy **pobre** en esta zona. 2 ¡**Pobre** gente, han perdido su casa!	a gente por la que sentimos pena b gente sin dinero
3 Tengo una novia **curiosa**. 4 Es una **curiosa** historia.	c siente curiosidad por todo d es extraña
5 Es una **gran** mujer. 6 Es una mujer **grande**.	e de gran tamaño f con mucha humanidad
7 Vimos a un niño **solo** en la calle. 8 Únicamente vimos a un **solo** niño.	g un único niño h un niño que no estaba con nadie
9 Queremos ir a un lugar **próximo**. 10 Mañana vamos al **próximo** lugar.	i cercano j el siguiente

ARTÍCULOS

En español hay dos tipos de artículos: determinados (*el, la, los, las*) e indeterminados (*un, una, unos, unas*). Los artículos concuerdan en género y número con el nombre al que acompañan: *los clientes, las ciudades*. Pero a veces los sustantivos no necesitan ir acompañados de un artículo. Aquí tienes algunos casos:

- Nombres propios: nombres de personas o lugares. Excepto en el caso de los nombres de los ríos, lagos o montañas. Algunos nombres de países pueden llevar artículo: *los Estados Unidos, la India, el Perú*.
Jorge, mi amigo chileno estuvo viajando por (el) Perú el verano pasado.
El río Ebro pasa por Zaragoza.
El Teide es el pico más alto de España.

Sin embargo, cuando van precedidos o seguidos de un adjetivo o una preposición, pueden ir con artículo.
El pesado de Luis no para de hablar.
La España del siglo XIX.
La Barcelona olímpica.

- Sustantivos no contables: *agua, pan, azúcar, cerveza, pescado*... Aunque, a veces, estos sustantivos pueden ser contables y entonces sí llevan artículo.
Siempre tomo cerveza. → *¿Quieres una cerveza?*

- Para referirnos a las obras de artistas.
- *Este cuadro es un Miró.*

- No llevan artículo los años o los meses.
En 1999 viajamos por Sudamérica.
Junio es el mejor mes del año.

- En muchos casos en los que usamos artículo indeterminado en singular, no usamos artículo en plural cuando queremos generalizar.

Tengo un libro de gramática. → *Tengo libros de gramática.*

6 Completa las frases con el artículo si es necesario.
1 _____ París de _____ años sesenta fue muy interesante.
2 _____ Colombia tiene casi 50 millones de _____ habitantes.
3 _____ mejor mes para casarnos es _____ mayo.
4 _____ Amazonas es _____ río de Sudamérica.
5 Si tienes _____ sed, bebe _____ agua.
6 _____ bueno de Antonio no sabe decir nunca que no.
7 En _____ subasta vendieron _____ Picasso.
8 No quiero _____ mascotas en casa. No me gustan.
9 _____ 2021 ha sido _____ año más caluroso del siglo.
10 _____ Everest es la montaña más alta del planeta.

ADVERBIOS

Los adverbios informan sobre el lugar (*aquí, allí, cerca, debajo*...), el tiempo (*ahora, después, hoy, mañana*...), la cantidad (*mucho, bastante, poco, nada*...) o el modo en el que se desarrolla la acción (*bien, mal, deprisa, estupendamente, fácilmente*...).

Los adverbios pueden modificar a un verbo, a un adjetivo, a otro adverbio y también a la oración.

Normalmente van después del verbo al que modifican.
*Habla **mucho** de su familia.*

Los adverbios de tiempo y lugar (*después, aquí*...) que modifican al verbo pueden ir al inicio o al final.
***Después** iré a comprar.* → *Iré a comprar **después**.*
***Aquí** están los libros.* → *Los libros están **aquí**.*

Cuando modifican a otro adverbio o a un adjetivo van delante.
*Has llegado **muy** pronto.*
*Este pastel es **bastante** dulce.*

Más gramática y ejercicios

7 Completa las frases con los siguientes adverbios.

nada   cerca   mucho   mal   tarde
fácilmente   también   mañana

1. Cuando estoy en casa de mi hermana juego _____ con mis sobrinos.
2. No hay ninguna farmacia _____ de aquí.
3. No te preocupes, no le he dicho _____.
4. Hice el examen tan _____ que tuve que repetirlo.
5. _____ sabremos el resultado del test, no hoy.
6. ¿Por qué llegas _____ a la reunión?
7. Esta prueba se resuelve _____.
8. Yo _____ soy español, de Cáceres.

Adverbios terminados en -mente

Suelen ser adverbios de modo y se forman añadiendo la terminación **-mente** a un adjetivo en femenino o a un adjetivo que termina en consonante.
*Estaba sentada tranquila**mente** en un banco y de repente llegaste tú.*
*¿Han llegado final**mente**?*

Si el adjetivo lleva tilde, el adverbio lo conserva. Si no lo lleva, el adverbio tampoco.
*Ha ganado el partido fácil**mente**.*
*Nos vemos frecuente**mente**.*

Cuando se combinan dos o más adverbios acabados en **-mente**, el sufijo solo aparece en el último.
*Consiguió ganar rápida y fácil**mente**.*

8 Sustituye las partes subrayadas por uno de los siguientes adverbios.

perfectamente   educadamente   pacíficamente
vagamente   lentamente   repetidamente
intencionalmente   sinceramente

1. Me lo dijo muchas veces y no le hice caso. _____
2. Habla el alemán como un nativo. _____
3. Cuando estás en el hospital los días pasan muy despacio. _____
4. El policía pidió de buenas maneras la documentación al conductor. _____
5. Los manifestantes volvieron a sus casas con tranquilidad. _____
6. Las reglas del juego no permiten tocar a propósito la pelota con las manos. _____
7. Si puedo hablarte con franqueza, prefiero que no vengas. _____
8. No sé cómo ocurrió el accidente porque recuerdo con poca precisión lo que pasó. _____

CUANTIFICADORES

Los cuantificadores son palabras que acompañan a los sustantivos e indican cantidad. Pueden indicar una cantidad exacta (numerales) o ser más imprecisos (indefinidos).

Numerales

Señalan las cantidades y existen diferentes grupos.

- Cardinales
Se refieren al nombre que se les da a los números: *uno, dos, tres...*

- Ordinales
Se refieren al orden: *primero (primer), segundo, tercero (tercer), cuarto...*

- Partitivos
Se refieren a las partes en que se divide una unidad. Los principales son: *medio* o *mitad* (1/2), *un tercio* o *una tercera parte* (1/3), *un cuarto* o *una cuarta parte* (1/4), *un quinto* o *una quinta parte* (1/5)...

Cuando se usan como adjetivos, siempre van seguidos del sustantivo *parte*. El sustantivo al que se hace referencia siempre va precedido de la preposición *de*.
*Ayer compré **medio** kilo **de** queso.*
*Nos repartiremos **la quinta parte de** los beneficios.*

La mitad de la población

Una tercera parte de la población

Una cuarta parte de la población

- Multiplicativos
Multiplican una cantidad: *doble, triple, cuádruple, quíntuple...*

- Distributivos: *ambos, cada*.
***Ambos** aprobaron el examen.* →*Los dos aprobaron el examen.*
***Cada** dos días voy a visitarlas.* (Indica una distribución igual al número indicado)
Cuando no va acompañado de un numeral significa *todos*.
*Voy a clase **cada día**.* →*Voy a clase todos los días.*

- Colectivos
Expresan el número de componentes de un grupo: *pareja, mitad, trío, cuarteto, quinteto, docena...*

Más gramática y ejercicios

9 Completa las frases con los siguientes cuantificadores.

cada (x2)   tercer   una cuarta   ambas   segunda
un cuarteto   una docena   el doble

1. Vivo en el _____ piso, en la _____ puerta.
2. He comprado _____ de huevos, pero se me han roto dos.
3. Tiene que controlar la temperatura _____ dos horas.
4. He cambiado de trabajo y ahora mi sueldo es mucho mejor, gano _____ que antes.
5. El 25 % de la clase ha aprobado la propuesta, es decir, _____ parte de la clase está de acuerdo.
6. Las dos son argentinas y _____ hablan italiano.
7. Voy al teatro _____ semana. ¡Me encanta!
8. Mi hermano es violinista y toca en _____ de cuerda.

Indefinidos

Expresan cantidades imprecisas o indeterminadas del sustantivo al que se refieren. Pueden referirse solo a personas (*alguien, nadie*) o a personas, animales o cosas (*algún, ningún, cualquier, demasiado, todo, poco, mucho, nada...*).

Algunos admiten variaciones de género y número y otros solo se usan en singular o en plural o no tienen una variante en femenino.

- Tienen género y número:
algún/alguno/alguna/algunos/algunas: Hay **algunas** personas que se quejan del calor.
mucho/mucha/muchos/muchas: Tengo **mucha** sed.
poco/poca/pocos/pocas: Tengo **poco** tiempo para estudiar.
todo/toda/todos/todas: Voy a nadar **todas** las mañanas.
otro/otra/otros/otras: ¿Me pone **otro** café?
demasiado/demasiada/demasiados/demasiadas: Hay **demasiada** gente en la cola.
cierto/cierta/ciertos/ciertas: Esas afirmaciones molestan a **ciertas** personas.
tanto/tanta/tantos/tantas: Nunca he visto **tantos** pájaros volando.

- No tiene género masculino o femenino:
bastante/bastantes: Tengo **bastante** sueño.

- No tiene plural:
ningún/ninguno/ninguna: No he comprado **ninguna** (casa).

- No tienen singular:
varios/varias: He visto a **varias** personas corriendo.
ambos/ambas: Tengo dos hermanas, **ambas** son rubias.

- Son invariables:
cualquier: Podemos comprarle **cualquier** cosa.

alguien: ¿**Alguien** puede decirme qué hora es?
algo: ¿Has traído **algo** para la fiesta?
más: En Suecia hace **más** frío que en España.
menos: En mi clase somos **menos** alumnos que en la tuya.
nada: En el cajón no hay **nada**.
nadie: En esta fiesta no conozco a **nadie**.

10 Completa las frases con los siguientes cuantificadores.

demasiado   algún   cualquier   ningún
otras   poco   varias   ciertos

1. Puedes llamarme a _____ hora.
2. No he visto a _____ perro en el jardín.
3. ¿Has recibido _____ mensaje de Alberto?
4. Solo tenemos dos horas. Tenemos _____ tiempo para terminar el trabajo.
5. Tengo que hacerte _____ preguntas.
6. Si no te gustan estas, podemos buscar _____.
7. Hay _____ adjetivos que son masculinos y femeninos, como por ejemplo, verde.
8. Si no abres las ventanas, me voy. Aquí hace _____ calor.

FORMAS NO PERSONALES DEL VERBO

Las formas no personales del verbo son el *infinitivo*, el *gerundio* y el *participio*. Se llaman así porque no tienen morfemas que indiquen su persona, número o modo.

A. EL INFINITIVO

El infinitivo es la forma utilizada para referirnos a los verbos: el verbo *amar*. Diferenciamos la conjugación de los verbos por la terminación del infinitivo: verbos terminados en *-ar, -er, -ir*. Tiene dos formas: infinitivo simple e infinitivo compuesto.

Infinitivo simple

Hay infinitivos con tres terminaciones (*bailar, comer, vivir*).

Los infinitivos simples expresan una acción en abstracto y no se refieren a un tiempo concreto: *Beber agua es bueno para la piel*. Pueden funcionar como sustantivos y a veces llevan artículo: *el buen comer*.

Los pronombres siempre van después y forman una palabra. *Levantarse* temprano permite planificar mejor el día.

Otros usos con preposición:

- Con la preposición *a* indica orden o sugerencia: *¡A comer, que ya es la hora!*

- Con la preposición *por* expresa algo que todavía no se ha hecho: *Tengo sueños por cumplir*.

Más gramática y ejercicios

- Con la preposición **sin** expresa no realización: *Se fue <u>sin comprar</u> nada*. También expresan involuntariedad: *Lo hice <u>sin querer</u>*.

Infinitivo compuesto

Se forma con el infinitivo del verbo *haber* y el participio del verbo utilizado, y se refiere al pasado.
Suspendí el examen por no <u>haber estudiado</u>.
Gracias por <u>haberme ayudado</u>. (También es correcto: *Gracias por ayudarme*).

Me alegro de <u>haberte conocido</u>.

Puede expresar recriminación por algo que esperábamos que otro hiciera.
¿Llegabas a las cinco? Pues <u>habérmelo dicho</u> y hubiera venido antes.
Tenías que <u>haber comido</u> antes de salir de casa, por eso ahora tienes hambre.

Con la preposición **de** expresa una condición:
¡<u>De haberlo sabido</u>, no se lo habría dicho!

11 Elige la opción adecuada: infinitivo simple o compuesto.

1. Me podías *decir/haber dicho* antes que no ibas a venir. Ahora ya estoy al lado de tu casa.
2. Ayer al *salir/haber salido* del trabajo me encontré con tus padres. ¡Qué simpáticos!
3. Dices que el concierto fue buenísimo. ¡Qué pena no *ir/haber ido*!
4. De *llegar/haber llegado* antes, no habrías perdido el tren.
5. Me encanta *jugar/haber jugado* al fútbol, siempre me lo paso bien.
6. No me parece bien *reírse/haberse reído* de alguien por la ropa que lleva.
7. No recuerdo *hablar/haber hablado* con usted la semana pasada. Creo que fue hace un mes.
8. Me alegro de *estudiar/haber estudiado* Medicina. Ahora soy feliz trabajando en el hospital.

B. EL GERUNDIO

• **Forma**
Se forma añadiendo la terminación *-ando* a la raíz de los verbos acabados en *-ar* y *-iendo* a los acabados en *-er* o *-ir*.

Gerundios irregulares

Los verbos acabados en *-ir* que exigen un cambio vocálico en presente (*-e > -ie/-i*), modifican también la vocal en gerundio: *-e > -i*.
pref<u>e</u>rir > tú pref<u>ie</u>res > pref<u>i</u>riendo
s<u>e</u>ntir > tú s<u>ie</u>ntes > s<u>i</u>ntiendo
v<u>e</u>nir > tú v<u>ie</u>nes > v<u>i</u>niendo
m<u>e</u>ntir > tú m<u>ie</u>ntes > m<u>i</u>ntiendo
r<u>e</u>ír > tú r<u>íe</u>s > r<u>i</u>endo
s<u>e</u>guir > tú s<u>i</u>gues > s<u>i</u>guiendo
d<u>e</u>cir > tú d<u>i</u>ces > d<u>i</u>ciendo

Verbos acabados en *-er* o *-ir* que exigen un cambio vocálico en presente (*-o > -ue*), modifican también la vocal en gerundio: *-o > -u*.
p<u>o</u>der > tú p<u>ue</u>des > p<u>u</u>diendo
d<u>o</u>rmir > tú d<u>ue</u>rmes > d<u>u</u>rmiendo
m<u>o</u>rir > tú m<u>ue</u>res > m<u>u</u>riendo

Si la raíz acaba en vocal, la *i* de *-iendo* se convierte en una *y*.
caer → ca<u>y</u>endo
construir → constru<u>y</u>endo
huir → hu<u>y</u>endo
influir → influ<u>y</u>endo
incluir → inclu<u>y</u>endo
leer → le<u>y</u>endo
traer → tra<u>y</u>endo
oír → o<u>y</u>endo
ir → <u>y</u>endo

12 Escribe los gerundios correspondientes a estos verbos.

1. tener: _____
2. venir: _____
3. hablar: _____
4. pedir: _____
5. morir: _____
6. ir: _____
7. ser: _____
8. dormir: _____
9. decir: _____
10. leer: _____

• **Usos**

- Muestra la acción durante su transcurso e indica simultaneidad o anterioridad.
*Cocinaba **escuchando** la radio.* (Simultaneidad)
***Ahorrando** un poco más podrás comprarte la bicicleta que quieres.* (Anterioridad: tienes que ahorrar antes de comprar)

Más gramática y ejercicios

- Acompaña a las perífrasis *estar* o *seguir*:
Estábamos cenando y llamaron a la puerta.
Yo *sigo viviendo* en la casa donde nací.

- Sus usos pueden ser los siguientes:
Modal: *Volvió **llorando**.*
Causal: *Aprobaron el examen **estudiando** mucho.*
Condicional: ***Trabajando** mucho conseguirás lo que te propones.*
Concesivo: *Aun **saliendo** antes, llegué tarde.* (Normalmente con el adverbio *aun**).
Temporal: ***Cenando**, me llamaste.*

* No confundir con *aún* = *todavía*

*Me llamaste **llegando** al aeropuerto.*

13 Transforma las siguientes frases con un gerundio como en el ejemplo.

Estudio y escucho música al mismo tiempo. → *Estudio escuchando música.*

1 Aunque tenía posibilidad de ganar, perdió la competición.

2 Mi novia me miró y al mismo tiempo sonrió.

3 Salió de casa sin parar de gritar: ¡Socorro!

4 Si duermes un poco más, te encontrarás mejor.

5 Consiguió hablar perfectamente español porque vivió en México.

6 Te vi y hablabas con Javier.

C. EL PARTICIPIO

• Forma

Los participios regulares se forman cambiando la terminación del infinitivo por las siguientes terminaciones:
habl**ar** > habl**ado**   com**er** > com**ido**   viv**ir** > viv**ido**

Los principales participios irregulares son los siguientes:
abrir > **abierto**   morir > **muerto**
cubrir > **cubierto**   poner > **puesto**
decir > **dicho**   romper > **roto**
escribir > **escrito**   ver > **visto**
hacer > **hecho**   volver > **vuelto**

Los verbos derivados de los anteriores tienen la misma irregularidad: descubrir > **descubierto**, deshacer > **deshecho**, devolver > **devuelto**...

14 Escribe los participios correspondientes a estos verbos.

1 contradecir: _____
2 satisfacer: _____
3 oponer: _____
4 resolver: _____
5 prever: _____
6 poner: _____
7 envolver: _____
8 romper: _____
9 exponer: _____
10 deshacer: _____
11 disponer: _____
12 devolver: _____

• Usos

- Se utiliza en tiempos compuestos, que se conjugan con el verbo auxiliar *haber* y el participio. Por ejemplo: pretérito perfecto (*he comido*), pretérito pluscuamperfecto (*había comido*), futuro perfecto (*habré comido*), condicional perfecto (*habría comido*), etc.

- También se utiliza como adjetivo y, en ese caso, siempre concuerda con el sustantivo que lo acompaña en género y número.
Las <u>puertas</u> están **abiertas**.
Tiene los <u>ojos</u> **cerrados**.
Todos los <u>libros</u> **expuestos** en el escaparate han recibido un premio.

*El <u>coche</u> **aparcado** frente a la playa es el mío.*

Más gramática y ejercicios

15 Completa las frases con los participios de los siguientes verbos. Recuerda que tienen género y número.

`emocionarse` `pintar` `enfadarse` `proceder`
`mojar` `cerrar` `pasar` `aburrirse`

1. Los viajeros _____ de Londres pueden pasar a recoger las maletas.
2. Ganaron el partido y las jugadoras estaban muy _____.
3. Ana lleva horas sin hacer nada y está _____.
4. La casa _____ de azul es la de Luisa.
5. Después de hacer la reclamación, el cliente se fue muy _____.
6. Los años _____ en Grecia fueron los mejores de mi vida.
7. Hace calor porque todas las ventanas están _____.
8. No soporto tener el pelo _____ por la lluvia.

TIEMPOS COMPUESTOS DEL INDICATIVO

Todos los tiempos compuestos se construyen con una forma del verbo auxiliar *haber* y un participio.

- Para referirnos al **pasado**, existen dos tiempos compuestos.

Pretérito perfecto
Para expresar acciones realizadas en el pasado y que están relacionadas con el momento en el que hablamos: *Esta mañana he hablado con Lucas.*

Pretérito pluscuamperfecto
Para expresar acciones en un pasado anterior al pasado de la narración: *Cuando me llamaste ya había hablado con Lucas.*

- Para referirnos a **situaciones hipotéticas** podemos utilizar dos tiempos compuestos: futuro compuesto y condicional compuesto.

A. FUTURO COMPUESTO

• **Forma**

Se forma con el futuro del verbo *haber* y el participio del verbo principal.

futuro del verbo *haber*	participio
habré habrás habrá habremos habréis habrán	-ar > habl**ado** -er > ten**ido** -ir > viv**ido**

Recuerda que hay algunos participios irregulares: *hecho, puesto, dicho, escrito, muerto, vuelto...*

• **Usos**

- El futuro compuesto se utiliza para expresar que algo existirá o sucederá antes de otro momento futuro.
*Cuando termines la carrera, **habrás hecho** muchos amigos en la facultad.*

- También expresa probabilidad respecto a un estado anterior al momento en el que se habla.

● *No sé por qué no ha llegado todavía.*
■ ***Habrá perdido*** *el tren.* (Supone que ha perdido el tren)

- Recuerda que para hacer suposiciones podemos usar el futuro simple o el futuro compuesto.

Cuando lo sabemos	Cuando lo suponemos
Presente: *Ana **va** a su casa.*	Futuro simple: *Ana **irá** a su casa.*
Pretérito perfecto: *Ana **ha ido** a su casa.*	Futuro compuesto: *Ana **habrá ido** a su casa.*

*¡Qué raro ese perro solo! ¿Lo **habrán abandonado** sus dueños?*

16 Completa las frases con el futuro compuesto de los siguientes verbos.

`perder` `caerse` `terminar` `tomar`
`molestar` `tocar` `pasar` `dormirse`

1. No sé por qué Lucía está tan enfadada conmigo. ¿Le _____ algo que le he dicho?
2. Sergio no encuentra el teléfono, lo _____.
3. Estoy haciendo los deberes, dentro de media hora los _____.
4. Javier se ha roto el brazo. _____ cuando esquiaba este fin de semana.
5. Todavía no sabemos qué hacer, pero seguro que mañana _____ una decisión.
6. Son las nueve y todavía no ha llegado porque _____.
7. Hay muchos policías en la calle. ¿Qué _____?
8. Mi tío me ha regalado 1000 euros. ¿Le _____ la lotería?

Más gramática y ejercicios

17 ¿Futuro simple o compuesto? Elige la opción correcta.

1. No sé por qué llora tanto el niño. ¿Le *dolerán/habrán dolido* los dientes?
2. Rachel habla muy bien español porque *vivirá/habrá vivido* un tiempo en algún país hispano.
3. ¿Has visto el coche nuevo de Lucía? ¡Es un Cadillac! ¿Cuánto le *costará/habrá costado*?
4. Sam no es muy mayor, *tendrá/habrá tenido* unos 30 años... No creo que tenga más.
5. No sé qué hay en el paquete, supongo que *será/habrá sido* un libro.
6. Cuando tengas la edad de tus abuelos, tú también *harás/habrás hecho* muchas cosas en la vida.
7. No encuentro las llaves. Supongo que las *dejaré/habré dejado* encima de la mesa...
8. No he visto el partido pero seguro que *ganarán/habrán ganado*.
9. Está sonando el teléfono, no sé quién *llamará/habrá llamado* a estas horas.
10. Hemos salido muy tarde. Cuando lleguemos al teatro, el concierto *terminará/habrá terminado*.

B. CONDICIONAL COMPUESTO

• **Forma**

Se forma con el condicional del verbo *haber* y el participio del verbo principal.

Condicional del verbo *haber*	Participio
habría habrías habría habríamos habríais habrían	-ar > habl**ado** -er > ten**ido** -ir > viv**ido**

• **Usos**

El condicional compuesto ser refiere a deseos, suposiciones o hipótesis con relación a un momento pasado. Observa los siguientes casos.

- Deseo de una acción que no ha tenido lugar:
Habría ido al aeropuerto a recibirte, pero no pude.

- Hacer una suposición o expresar probabilidad en el pasado:
Supuse que no llegó a tiempo porque no **habría salido** a la hora.

- Expresar hipótesis, normalmente en oraciones condicionales (con pluscuamperfecto de subjuntivo):
Si hubieras venido en taxi, no **habrías llegado** tarde.

Recuerda que utilizamos el condicional simple para expresar hipótesis, deseos, consejos, peticiones (normalmente referidas al futuro). Usamos el condicional compuesto en los mismos casos cuando nos referimos al pasado.

Nos referimos al futuro (Condicional)	Nos referimos al pasado (Condicional compuesto)
La película **estaría** mejor con otro protagonista.	La película **habría estado** mejor con otro protagonista.
Me gustaría ir de vacaciones contigo.	**Me habría gustado** ir de vacaciones contigo.
Yo en tu lugar **iría** al médico.	Yo en tu lugar **habría ido** al médico.

Podrías acompañarme al aeropuerto, ¿no?

Habrías podido acompañarme al aeropuerto, ¿no?

18 Completa las frases con el condicional compuesto de los siguientes verbos.

aceptar   conseguir   aprobar   pagar
tener   ir   comprar   encantar

1. Aprobaste con una nota muy baja, con más horas de estudio _____ mejor nota.
2. _____ al concierto, pero no pudimos porque ya no había entradas.
3. ¿Crees que _____ su oferta? ¡Nos parecía inaceptable!
4. Si hubieras estudiado más, _____ el examen.
5. ¿No has leído el libro? ¡Qué pena! Pensé que _____ tiempo de leerlo...
6. No pude ir a la fiesta, pero _____ ir.
7. No sabía que no había hecho el curso porque no tenía dinero, yo se lo _____.
8. ¿Compraste el vestido verde? Yo, en tu lugar, _____ el azul.

Más gramática y ejercicios

19 ¿Condicional simple o compuesto? Elige la opción correcta.

1 ¿Fuisteis a la playa? Me *gustaría/habría gustado* ir con vosotros.
2 Había elecciones en la escuela y no nos lo comunicaste. *Podrías/Habrías podido* decírnoslo.
3 Tengo que estar en el médico en quince minutos, tal vez *podrías/habrías podido* llevarme…
4 No sabía que aceptaban perros, si lo hubiera sabido, *traería/habría traído* el mío.
5 Perdona, no sabía que eras tú, si no, *respondería/habría respondido* al teléfono.
6 La sopa está muy buena, pero *estaría/habría estado* mejor si le pones un poco más de sal.
7 Cuando empezó el partido pensé que *ganarían/habrían ganado* pero al final perdieron.
8 Te *escribiría/habría escrito*, pero no tenía tu dirección.
9 No encontraba el móvil y pensaba que me lo *dejaría/habría dejado* en la oficina.
10 Me *encantaría/habría encantado* ver a tus padres esta tarde, pero no puedo.

LAS ORACIONES PASIVAS

Podemos describir un suceso con oraciones activas o pasivas. Las dos pueden referirse a un mismo acontecimiento con los mismos elementos, pero con funciones distintas.

En las oraciones activas identificamos primero el sujeto de la acción, al que se da protagonismo.
La policía detuvo al ladrón en la calle.

En las oraciones pasivas, el sujeto recibe la acción, no la realiza.
El ladrón fue detenido en la calle por la policía.

Las oraciones pasivas en español se usan principalmente en la lengua escrita y en la prensa. Se construyen con el verbo *ser* y un verbo en participio que concuerda con el género y el número del sujeto. El español usa la forma pasiva menos que otras lenguas como el inglés. Con un significado parecido, utilizamos oraciones con **se**: *Se detuvo al ladrón.*
Los ladrones **han sido detenidos** en la calle por la policía.

El sujeto de la oración activa puede aparecer al final de la oración pasiva precedido de la preposición **por**.

*El ladrón fue detenido en la calle **por** la policía.*

El verbo se puede conjugar en todos los tiempos verbales:

oración activa	tiempo verbal	oración pasiva
El Congreso **aprueba** la ley.	presente	La ley **es aprobada**.
El Congreso **ha aprobado** la ley.	perfecto	La ley **ha sido aprobada**.
El Congreso **aprobó** la ley.	indefinido	La ley **fue aprobada**.
El Congreso **había aprobado** la ley.	pluscuamperfecto	La ley **había sido aprobada**.
El Congreso **aprobará** la ley.	futuro simple	La ley **será aprobada**.
El Congreso **habrá aprobado** la ley.	futuro compuesto	La ley **habrá sido aprobada**.
El Congreso **aprobaría** la ley.	condicional	La ley **sería aprobada**.
El Congreso **habría aprobado** la ley.	condicional compuesto	La ley **habría sido aprobada**.

20 Transforma las siguientes oraciones activas en oraciones pasivas.

1 Picasso pintó este famoso cuadro.
2 La empresa enviará mañana los paquetes.
3 Este distribuidor vende nuestros libros en todos los países.
4 Lady Gaga ha cantado el himno en la celebración.
5 Vicente Ferrer había fundado la ONG en la India.
6 Mi madre habría preparado el postre de otra manera.
7 La ONG rescataría a muchos refugiados.
8 Un comité de expertos habrá evaluado los proyectos en abril.

EL SUBJUNTIVO

El subjuntivo es un modo verbal que en ocasiones aparece en oraciones independientes como: *Quizá llueva*; pero normalmente se utiliza en oraciones subordinadas.

Tiene cuatro tiempos: presente, pretérito perfecto, pretérito imperfecto y pretérito pluscuamperfecto.

Más gramática y ejercicios

En la siguiente tabla se puede ver la correspondencia de valores temporales entre tiempos del subjuntivo y del indicativo en oraciones subordinadas.

indicativo	subjuntivo
Presente *Creo que Ana sale a la una.* **Futuro simple** *Creo que Ana saldrá a la una.*	**Presente** *No creo que Ana salga a la una.*
Pretérito perfecto *Creo que Ana ha salido a la una.* **Futuro compuesto** *Creo que Ana habrá salido a la una.*	**Pretérito perfecto** *No creo que Ana haya salido a la una.*
Pretérito indefinido *Creí que Ana salió a la una.* **Pretérito imperfecto** *Creí que Ana salía a la una.* **Condicional** *Creí que Ana habría salido a la una.*	**Pretérito imperfecto** *No creí que Ana saliera/saliese a la una.*
Pret. pluscuamperfecto *Creí que Ana había salido a la una.* **Condicional compuesto** *Creí que Ana habría salido a la una.*	**Pretérito pluscuamperfecto** *No creí que Ana hubiera/hubiese salido a la una.*

Observa que el subjuntivo no tiene tiempo futuro, pero puede expresar valores de futuro.
Iré a Buenos Aires cuando tenga algo de dinero.

A. PRETÉRITO PERFECTO DE SUBJUNTIVO

• Forma

presente de subjuntivo del verbo *haber*	participio
haya hayas haya hayamos hayáis hayan	habl**ado** ten**ido** viv**ido**

Recuerda que hay algunos participios irregulares: *hecho, puesto, dicho, escrito, muerto, vuelto...*

• Usos

Oraciones independientes

En oraciones independientes, tiene los mismos usos que el presente de indicativo para acciones terminadas que incluyen el presente:

- Para expresar deseos (*ojalá, que...*)
*Ojalá **haya llegado** a tiempo.*

- Para expresar duda o probabilidad (*tal vez, quizás, probablemente...*)
*Tal vez **hayan salido** ya del cine.*

Oraciones subordinadas

El pretérito perfecto de subjuntivo se emplea en oraciones subordinadas para expresar:

- una acción acabada en un marco temporal que se extiende hasta el presente.
*Espero que **hayas aprobado** el examen que has hecho esta mañana.* (Acaba de hacer el examen)

- una acción que acabará en el futuro.
*Llámame cuando **hayas salido** del trabajo.* (Todavía no ha salido del trabajo, en el futuro, primero saldrá del trabajo y luego llamará)

Algunos ejemplos en los que usamos el pretérito perfecto de subjuntivo.

- Para expresar sentimientos (*alegrar, gustar, molestar...*)
*Me alegro de que **hayas venido**.*

- Para expresar opinión (*no creer, no pensar, no opinar...*)
*No creo que **haya llegado** todavía.*

- Para negar (*no es verdad, no es cierto que, no está claro que...*)
*No es verdad que **hayan contratado** a un nuevo profesor.*

- Para constatar o valorar (*es necesario, es normal, es difícil...*)
*Es normal que **se hayan casado**, estaban muy enamorados.*

21 Señala qué expresan los verbos subrayados en las siguientes frases.

	Acción acabada	Acción no acabada
1 Me molesta que <u>hayan llamado</u> tan tarde.		
2 Dime qué te ha parecido el libro cuando lo <u>hayas leído</u>.		
3 No es verdad que <u>haya estado</u> enfermo todos estos días.		
4 Si no han llegado es porque probablemente <u>hayan salido</u> más tarde.		
5 No hablaré contigo hasta que me <u>hayas pedido</u> perdón.		
6 Ojalá <u>haya ido</u> bien la operación.		
7 Solo será feliz cuando <u>se haya casado</u> con él.		
8 No me importa que <u>hayas llegado</u> antes que yo.		

Más gramática y ejercicios

22 Completa las frases con presente o pretérito perfecto de subjuntivo.

1. No es cierto que el Gobierno _____ (aprobar) esta mañana la ley, lo ha hecho esta tarde.
2. Cuando _____ (saber) cuándo es su cumpleaños, dímelo.
3. Me alegra que _____ (ir) a visitarla, está muy contenta de haberte visto.
4. Busco un libro que _____ (tratar) sobre la historia de esta región.
5. Ahora está lloviendo, pero esta mañana ha hecho el sol. Ojalá los niños _____ (poder) ir a la playa.
6. ¿Ya estás cerca de casa? Me encanta que _____ (decidir) salir antes del trabajo.
7. ¿Has preparado la cena? Aunque _____ (hacer) mi plato favorito, seguiré enfadado contigo.
8. Aunque no _____ (tener) 18 años, tu hijo puede entrar.

B. PRETÉRITO IMPERFECTO DE SUBJUNTIVO

• **Forma**

Este tiempo se forma a partir de la tercera persona del plural del pretérito indefinido y tiene dos formas que se pueden usar indistintamente.

hablar	comer
habl-aron (3.ª persona plural del pretérito indefinido)	com-ieron (3.ª persona plural del pretérito indefinido)
habl-ara / habl-ase	com-iera / com-iese
habl-aras / habl-ases	com-ieras / com-ieses
habl-ara / habl-ase	com-iera / com-iese
habl-áramos / habl-ásemos	com-iéramos / com-iésemos
habl-arais / habl-aseis	com-ierais / com-ieseis
habl-aran / habl-asen	com-ieran / com-iesen

vivir
viv-ieron (3.ª persona plural del pretérito indefinido)
viv-iera / viv-iese
viv-ieras / viv-ieses
viv-iera / viv-iese
viv-iéramos / viv-iésemos
viv-ierais / viv-ieseis
viv-ieran / viv-iesen

Si el pretérito indefinido tiene una irregularidad en la tercera persona del plural, el imperfecto de subjuntivo tiene la misma irregularidad en todas las personas:

hicieron: *hiciera, hicieras... / hiciese, hicieses...*
pudieron: *pudiera, pudieras... / pudiese, pudieses...*
tuvieron: *tuviera, tuvieras... / tuviese, tuvieses...*
sintieron: *sintiera, sintieras... / sintiese, sintieses...*
durmieron: *durmiera, durmieras... / durmiese, durmieses...*
leyeron: *leyera, leyeras... / leyese, leyeses...*

23 Completa las formas que faltan.

dejar	beber
	bebiera – bebiese
dejaras – dejases	
	bebiera – bebiese
dejáramos – dejásemos	
	bebierais – bebieseis
dejaran – dejasen	

existir	estar
	estuviera – estuviese
existieras – existieses	
	estuviera – estuviese
existiéramos – existiésemos	
	estuvierais – estuvieseis
existieran – existiesen	

pedir	ser
	fuera – fuese
pidieras – pidieses	
	fuera – fuese
pidiéramos – pidiésemos	
	fuerais – fueseis
pidieran – pidiesen	

• **Usos**

Oraciones independientes

- De forma independiente, se utiliza en dos contextos en los que se usa el condicional: hipótesis y cortesía. En estos casos, solo la forma acabada en **-ra** es posible.
Podría ser como dices. = Pudiera ser como dices.
Querría un café, por favor. = Quisiera un café, por favor.

Quisiera un café, por favor.

Más gramática y ejercicios

- También usamos el presente de subjuntivo cuando creemos que algo es posible y el imperfecto de subjuntivo cuando creemos que algo es poco probable o imposible en el presente o en el futuro.
Ojalá apruebe el examen. → *Ojalá aprobara el examen.*
Tal vez sean sus hijos. → *Tal vez fueran sus hijos.*

24 Completa las frases en pretérito imperfecto de subjuntivo.

1 Me gustaría ir a la conferencia, pero tengo un compromiso. Ojalá no lo _____ (tener).
2 No sé exactamente cuándo se casó... Quizá _____ (ser) en junio.
3 Mañana tengo el examen, pero he estudiado poco. Ojalá _____ (aprobar).
4 Dices que no lo hizo ella. _____ (Poder) ser.
5 Buenos días, _____ (querer) hablar con el señor Romero.
6 No sé por qué no vino, tal vez _____ (estar) enferma.

Oraciones subordinadas

En oraciones subordinadas, tenemos (1) usos que coinciden con los de presente de subjuntivo, pero introducido por verbos en pasado (concordancia temporal), (2) indicación de imposibilidad y (3) improbabilidad o imposibilidad en oraciones condicionales.

1 Concordancia temporal

1.1 En los casos donde normalmente usamos presente de subjuntivo y la oración principal está en pasado.
Espero que vengas a verme. → *Esperaba que vinieras a verme.*
Os aconsejo que estudiéis más. → *Os aconsejé que estudiarais más.*
No creo que aprobemos el examen. → *No creí que aprobásemos el examen.*
Es importante que ahorres más. → *Era importante que ahorrases más.*
Me gusta que me sorprendan. → *Me gustaba que me sorprendieran.*
Dice que vayas a visitarla. → *Dijo que fueras a visitarla.*
Le doy dinero para que vaya a la tienda. → *Le di dinero para que fuera a la tienda.*
Busco un traductor que sepa ruso. → *Buscaba un traductor que supiera ruso.*

1.2 Después de un verbo en pretérito indefinido cuando usaríamos condicional tras el verbo de la oración principal en presente o pretérito perfecto.
Creí que podría conseguirlo. → *No creí que pudiera conseguirlo.*

1.3 También usamos el pretérito imperfecto de subjuntivo si la oración principal está en condicional.
¿Te gustaría que viniera Ana también a la fiesta?
Me molestaría que no me llamases al llegar.

25 Completa las frases con pretérito imperfecto de subjuntivo.

1 Te recomendé que _____ (leer) ese libro y no me hiciste caso.
2 Era necesario que todos _____ (votar) para cambiar las cosas.
3 Me encantaría que mamá _____ (hacer) un pastel para mi cumpleaños.
4 Me sorprendió que tus padres _____ (venir) a la fiesta.
5 Esperé media hora a que tú _____ (llegar), pero no apareciste.
6 Le aconsejé que _____ (ir) al médico porque no se encontraba bien.
7 No me gustaría que este candidato _____ (ganar) las elecciones.
8 No podía imaginar que ella solo _____ (tener) dieciocho años.
9 No creí que _____ (aprobar) el curso, pero ya veo que estaba equivocado.
10 Me pidió que _____ (abrir) la ventana porque tenía mucho calor.

2 Irrealidad o imposibilidad en los deseos y en oraciones concesivas

Usamos el presente de subjuntivo cuando ponemos en duda un hecho o lo vemos poco posible y el imperfecto de subjuntivo cuando un hecho nos parece improbable o es imposible.
Aunque tengas razón, no voy a hacer lo que dices. → *Aunque tuvieras razón, no haría lo que dices.*
No aprobarás el examen por más que estudies. → *No aprobarías ese examen por más que estudiases.*

Asimismo, usamos el imperfecto de subjuntivo con la expresión *como si*:

Tiene 6 años y habla como si fuera una persona adulta.

Más gramática y ejercicios

26 Completa las frases con presente o pretérito imperfecto de subjuntivo.

1. Aunque mis padres _____ (insistir), no lo haré.
2. Por mucho que lo _____ (intentar), no conseguiría aprobar. Es demasiado difícil.
3. Irías a trabajar aunque _____ (estar) enfermo.
4. Por mucho que me _____ (pagar) en este trabajo, no lo aceptaré.
5. Aunque yo lo _____ (saber), no te lo diría nunca.
6. No era su madre, pero lo quería como si _____ (ser) su propio hijo.
7. Por muy barato que _____ (ser) ese apartamento, no lo compraría.
8. Mi abuela tiene 80 años, pero vive la vida como si _____ (tener) 20.

3 Improbabilidad o imposibilidad en oraciones condicionales

Usamos el presente de indicativo cuando expresamos condiciones que son posibles en el presente o en el futuro.
*Si **hace** buen tiempo mañana, **iremos** a la playa.*

Usamos el imperfecto de subjuntivo en las condicionales cuando la condición nos parece poco probable o es imposible que suceda en el presente o en el futuro.
*Si **hiciera** buen tiempo mañana, iríamos a la playa.*
*Si **tuviera** diez años menos, no estaría casado.*
*Si no **existiera** la pobreza, todo el mundo sería más feliz.*

27 Lee las frases y elige la opción más adecuada.

1. No tengo trabajo y es difícil que pueda ahorrar este año.
   a ☐ Si tengo dinero, iré de vacaciones a la costa.
   b ☐ Si tuviera dinero, iría de vacaciones a la costa.
2. El médico dice que tardaré unos meses en recuperarme.
   a ☐ Si la próxima semana puedo caminar, iré contigo a pasear.
   b ☐ Si la próxima semana pudiera caminar, iría contigo a pasear.
3. Mañana tengo un examen, pero estoy tranquilo porque siempre tengo muy buenas notas.
   a ☐ Si apruebo este examen, no tendré que estudiar en verano.
   b ☐ Si aprobara el examen, no tendría que estudiar en verano.
4. ¿Necesitas ir al aeropuerto? Lo siento, no tengo carné de conducir.
   a ☐ Si puedo conducir, te llevaré al aeropuerto.
   b ☐ Si pudiera conducir, te llevaría al aeropuerto.

C. PRETÉRITO PLUSCUAMPERFECTO DE SUBJUNTIVO

• Forma

Es un tiempo compuesto por el verbo *haber* en imperfecto de subjuntivo y el participio.

imperfecto de subjuntivo del verbo *haber*	participio
hubiera o hubiese hubieras o hubieses hubiera o hubiese hubiéramos o hubiésemos hubierais o hubieseis hubieran o hubiesen	hablado tenido vivido

• Usos

Oraciones independientes

- Para hablar de acciones de cumplimiento imposible en el pasado.
*¡Qué pena! Ojalá **hubieras aprobado** el examen.*

- Cuando nos referimos a acciones que lamentamos que ocurrieran o que no ocurrieran. En estos casos también es posible usar el condicional compuesto:
*Quizás **hubiera sido** (habría sido) mejor no venir.*
*¡Me **hubiera gustado** (Me habría gustado) participar en este proyecto!*
***Hubiera preferido** (Habría preferido) no saberlo.*

28 Elige la opción más adecuada.

1. Mi amigo Luis se fue de vacaciones a México. *Me hubiera gustado/Me gustaría* ir con él.
2. Acabo de hacer un examen y no sé cómo ha ido. Ojalá *haya aprobado/hubiera aprobado*.
3. Tuvimos la reunión por la tarde. Quizás *sea/hubiera sido* mejor hacerla por la mañana.
4. El martes operan a mi madre. Ojalá *vaya/hubiera ido* bien la operación.
5. Fuimos de vacaciones al norte y llovió todo el tiempo. Tal vez *fuera/hubiera sido* mejor ir al sur.
6. Me regalaron una novela histórica... *Hubiera preferido/Preferiría* una novela negra.
7. No conocí a mi abuelo. Murió hace años. Ojalá lo *hubiera conocido/conociera*.
8. Perdí el último tren. Ojalá *haya salido/hubiera salido* antes de casa.

Oraciones subordinadas

1 Acción anterior a la acción principal

Usamos pluscuamperfecto de subjuntivo en oraciones subordinadas con el mismo valor que el pluscuamperfecto de indicativo en contextos similares (cuando nos referimos a una

Más gramática y ejercicios

acción anterior a la acción principal) y en los mismos casos en los que se usan otros tiempos del subjuntivo.
Llegamos al restaurante y estaba lleno. Yo esperaba que <u>hubieras reservado</u> una mesa antes.
Me pareció raro que no nos <u>hubiesen invitado</u> a la boda.
Me dijo que me llamaría cuando <u>hubiera llegado</u>.
No era normal que no <u>hubiese terminado</u> los deberes a las diez de la noche.
No sabía que <u>hubierais llegado</u> la semana pasada.

29 Carlos terminó la carrera de Periodismo el pasado mes de junio. Completa las frases con las reacciones de su familia y de algunos amigos.

1 Su padre estaba muy contento de que al final Carlos _____ (terminar) sus estudios.
2 A sus abuelos les sorprendió mucho que Carlos _____ (aprobar) el último curso.
3 Su madre habría preferido que Carlos _____ (estudiar) Medicina.
4 Carlos no sabía que su madre _____ (preferir) otra carrera para él.
5 A la novia de Carlos le extrañó que Carlos no la _____ (llamar) antes para darle la noticia.
6 Sus amigos esperaban que Carlos _____ (celebrar) con ellos que había aprobado el curso.

2 Imposibilidad

Para hablar de acciones de cumplimiento imposible en el pasado, en muchos casos combinado con condicional compuesto.
Aunque <u>hubieras tenido</u> razón, no habría hecho lo que dices.
No habrías aprobado el examen por más que <u>hubieras estudiado</u>.
Corrió como si <u>hubiera visto</u> a un fantasma.

30 Completa las frases con pretérito pluscuamperfecto de subjuntivo.

hacer   ser   dormir   insistir   nacer   estudiar

1 El vestido era muy caro y tampoco me gustaba. Aunque _____ más barato, no lo habría comprado.
2 El curso era muy difícil y era casi imposible aprobar. Por más que _____, seguro que no lo habría aprobado.
3 Estoy totalmente agotado y me siento como si no _____ en una semana.
4 No sé si tú hiciste el trabajo, pero aunque lo _____, tendrás que hacerlo otra vez.
5 Cuando me dijeron que la operación había salido bien, me sentí como si _____ otra vez.
6 Por mucho que _____, no habría ido contigo de excursión. Estaba enfermo.

3 Recomendaciones o consejos sobre el pasado

Como otros tiempos compuestos, indica una anterioridad de la acción, y en este caso expresa un reproche de lo que debió hacerse, pero no se hizo.
Yo (en tu lugar) no lo <u>hubiese comprado</u> (o habría comprado).
En ese momento era difícil, pero <u>hubierais tenido</u> (o habríais tenido) que llamar a un médico.

¡Está lloviendo! Tal vez <u>hubiera sido</u> mejor quedarme en casa.

31 Escribe consejos o recomendaciones referidos a las siguientes situaciones con pretérito pluscuamperfecto de subjuntivo.

1 No le gustó el libro que le regalaste.
   _____
2 Fuimos a la playa el martes en lugar del lunes y llovió.
   _____
3 No te gusta esta asignatura, no sé por qué la elegiste.
   _____
4 Compró un coche pequeño y ahora no puede viajar con toda la familia.
   _____

4 En oraciones condicionales

Usamos el pluscuamperfecto de subjuntivo en las condicionales cuando la condición nos parece poco probable o imposible que suceda en el pasado en estructuras como la siguiente:

Si + pluscuamperfecto de subjuntivo,	condicional simple (presente o futuro)
	condicional compuesto (o pluscuamperfecto de subjuntivo) (pasado)

Si hubiéramos aprobado el examen, ahora <u>estaríamos</u> en el último curso.
Si hubiéramos aprobado el examen, <u>habríamos aprobado</u> el curso.
Si hubiéramos aprobado el examen, <u>hubiéramos aprobado</u> el curso.

Más gramática y ejercicios

32 Relaciona las siguientes frases.

1. Si no hubiera comido tanto estas semanas,
2. Si hubieras hecho una reserva con tiempo,
3. Si no hubieras ido a esquiar,
4. Si hubiera ahorrado a lo largo de mi vida,
5. Si no me hubiera acostado tan tarde,
6. Si no hubiera estudiado español,
7. Si hubieras salido antes de casa,
8. Si hubiéramos acabado la fiesta antes,

a. esta mañana me habría levantado a tiempo.
b. los vecinos no se habrían quejado.
c. no habría engordado tanto.
d. no habrías perdido el avión.
e. ahora tendrías la habitación que tú querías.
f. ahora tendría mucho dinero.
g. no habría hecho un viaje por Sudamérica.
h. no tendrías la pierna rota.

ORACIONES SUBORDINADAS

Las oraciones están formadas por un sujeto (que realiza la acción del verbo):
<u>Mi hermana</u> habla ruso.
   sujeto

Y un predicado (que expresa lo que hace el sujeto).
Mi hermana <u>habla ruso</u>.
              predicado

Se pueden clasificar en dos tipos:

Simples: tienen una sola forma verbal conjugada y, por tanto, un solo predicado: *Maribel <u>sale</u> de casa a las ocho.*
Son también simples las oraciones cuyo núcleo del predicado es una perífrasis de infinitivo, de gerundio o de participio: *<u>Voy a salir</u> a las ocho. / <u>Estoy cantando</u> una canción. / El problema <u>está solucionado</u>.*

Compuestas: tienen más de un verbo conjugado y, por tanto, más de un predicado: *Cuando <u>llegues</u> (tú) a la estación, <u>llámame</u>.*

Hay tres tipos de oraciones compuestas:

<u>Coordinadas</u>: se caracterizan por estar enlazadas por una conjunción (*y, o, ni, pero, sin duda, o sea...*). No hay relación de dependencia entre oraciones.
Me puse el pijama y me acosté.

<u>Yuxtapuestas</u>: se caracterizan por estar separadas por una coma, dos puntos o un punto y coma:
No he parado de estudiar este trimestre, necesito descansar.

<u>Subordinadas</u>: se caracterizan porque dependen de un elemento de la oración y pueden ser:

- De relativo: usan nexos como *que, quien, cuyo, donde...*
*He perdido el anillo **que** me regalaste.*

- Temporales: usan nexos como *cuando, hasta que, antes de que, en cuanto...*
*Volveré **antes de que** te despiertes.*

- Causales: usan nexos como *porque, ya que, puesto que...*
*Devolví la chaqueta **porque** no me gustaba.*

- Finales: usan nexos como *para que, a fin de que, con el objeto de que...*
*Abro la ventana **para que** entre un poco de aire.*

- Condicionales: usan nexos como *si, por si, siempre que, a condición de que...*
*Haremos el trabajo **siempre que** nos lo paguen.*

- Consecutivas: usan nexos como *así que, de manera que, como consecuencia...*
*No podemos esperar más, **así que** nos vamos.*

- Concesivas: usan nexos como *aunque, por mucho que, a pesar de que...*
***Por mucho que** insista, no vamos a hacer lo que dice.*

- Modales: usan nexos como *como si, según, de modo que...*
*Habla **como si** tuviera seis años y solo tiene tres.*

A. ORACIONES DE RELATIVO

Las oraciones de relativo pueden ir introducidas por *que, quien, cual, cuando, donde, adonde, cuyo*. A veces el pronombre de relativo va precedido por un artículo o una preposición.
*El amigo **con quien** salgo los sábados es alemán.*

Van introducidas por un pronombre de relativo que representa en la oración subordinada un elemento de la oración principal. Su función es describir o identificar. Se introducen con frecuencia por el pronombre *que* seguido de un verbo en indicativo (nos referimos a algo conocido) o en subjuntivo (nos referimos algo desconocido).
*Busco un traje que **es** negro. (No sé dónde está).*
*Busco un traje que **sea** negro. (No tengo un traje negro, lo quiero comprar).*

*Quiero una chaqueta que no **sea** muy cara.*

A veces aparece sin modificar a ningún elemento de la oración principal y puede llevar artículo:
<u>La que</u> habla con Luis es mi hermana.
<u>Quien</u> devolvió el móvil perdido hizo muy bien.

Más gramática y ejercicios

33 Elige la continuación correcta de las siguientes frases.

1 Busco a una persona que habla ruso.
   a ☐ Se llama Anya.
   b ☐ ¿Conoces a alguien?
2 Quiero un piso que tenga terraza...
   a ☐ y no encuentro ninguno.
   b ☐ pero no sé la dirección.
3 Necesito un taxi que tenga capacidad para seis personas.
   a ☐ ¿Tienen alguno en su empresa?
   b ☐ Lo utilicé la semana pasada.
4 Prefiero a una persona que sea amable y divertida.
   a ☐ Y sé quién es.
   b ☐ Pero todavía no la he encontrado.

Cuando el relativo va precedido de una preposición, se construye con un artículo determinado que puede referirse a una persona o a una cosa: *el que, la que, los que, las que* o *lo que*.
Estoy buscando a una persona <u>con la que</u> pueda ir de vacaciones.
El cuadro <u>por el que</u> pagaron tanto dinero es de Picasso.

Las oraciones de relativo también pueden ir introducidas por adverbios (*cuando, donde, como*).
El hotel <u>donde</u> pasaron las vacaciones está ahora cerrado.
Haz el pastel <u>como</u> sabes, seguro que les encanta.

34 Completa las frases con las siguientes palabras.

con las   por el   que   por la   al que
en el   lo que   a los   como   donde

1 Barcelona es una ciudad _____ atrae a muchos visitantes.
2 Las personas _____ trabajo son muy simpáticas.
3 Estoy en el bar _____ que nos conocimos.
4 El ordenador _____ que pagué tanto dinero no funciona bien.
5 Le dije a la policía todo _____ recordaba del accidente.
6 Cantad _____ sabéis para que vean cuánto habéis aprendido.
7 El pueblo _____ nací está muy cerca de aquí.
8 Los niños _____ que les he dado el regalo están muy contentos.
9 El cine _____ solíamos ir está cerrado. ¡Qué pena!
10 La calle _____ que pasas normalmente está en obras.

35 Completa con una preposición *a, con, de, en, por* y un artículo.

1 Mi habitación es el lugar _____ que paso más tiempo, por eso es tan bonita.
2 Juana es una vecina _____ que soy amigo desde hace muchos años.
3 Es un curso _____ que tengo que pagar mucho dinero.
4 Son unos amigos _____ que puedo hablar de cualquier tema.
5 Este es un restaurante _____ que venimos con mucha frecuencia.
6 En la universidad _____ que estudio hay muchos estudiantes extranjeros.

B. ORACIONES TEMPORALES

Informan sobre cuándo se realiza la acción de la subordinada. Se pueden utilizar diferentes conectores para expresar una relación de anterioridad, posterioridad o simultaneidad entre dos acciones: *antes de que / antes de* (+ infinitivo) */ después de que / después de* (+ infinitivo) */ cuando / tan pronto como / en cuanto / hasta que / mientras / mientras tanto / siempre que / cada vez que / apenas / una vez que / nada más* (+ infinitivo) */ desde que / entonces...*
Llama a tu madre **nada más** <u>llegar</u>.

Van con indicativo cuando se refieren a una acción en el presente o a algo que ha sucedido en el pasado.
En cuanto <u>llega</u> a casa, se quita los zapatos.
Cuando <u>terminó</u> los deberes, se fue con sus amigos.

En las oraciones subordinadas temporales el futuro se expresa con presente o pretérito perfecto de subjuntivo.
En cuanto <u>llegue</u> a casa, se quitará los zapatos.
Cuando <u>haya terminado</u> los deberes, se irá con sus amigos.

36 Elige el conector más adecuado.

1 *Siempre que/En cuanto* salgas esta tarde de clase, llámame.
2 *Después de/Antes de* pensarlo bien, he decidido estudiar Medicina.
3 *Mientras/Mientras tanto* el niño dormía, yo preparaba el desayuno.
4 Mi novia se puso muy contenta *nada más/tan pronto como* verme.
5 Era muy feliz *hasta que/siempre que* me divorcié.
6 *Cuando/Nada más* tengas tiempo, llámame.
7 *Cada vez que/Nada más* salir de clase, me encontré con tus padres.
8 Tú limpia los cristales, *mientras tanto/una vez que* yo hago las camas.

Más gramática y ejercicios

37 Completa las frases con infinitivo, indicativo o subjuntivo.

1. En cuanto _____ (acabar) de cenar, podrás jugar a la Play.
2. Los martes, cuando _____ (salir) de clase, juego al fútbol.
3. Dentro de un año, cuando _____ (terminar) los estudios, viajaré por Sudamérica.
4. Antes de _____ (ir) al teatro, fuimos a tomar algo.
5. Nos iremos tan pronto como _____ (terminar) de hacer las maletas.
6. Nada más _____ (aterrizar), te llamé.
7. Mientras yo _____ (preparar) la cena, pon tú la mesa.
8. Trabajaré en el restaurante hasta que _____ (poder) ahorrar dinero para irme a otro país.
9. Puedes hablar conmigo siempre que _____ (tener) un problema.
10. Apenas _____ (cumplir) los 18 años, me iré de casa.

38 Completa las frases con infinitivo, presente o imperfecto de subjuntivo.

1. Te he comprado esta novela para que la _____ (leer) este verano.
2. Para _____ (estar) en forma, hay que hacer mucho ejercicio.
3. Hicieron la promoción con el fin de que todo el mundo _____ (conocer) el producto.
4. Le di dinero para que _____ (ir) a comprar al supermercado.
5. Vengo a que me _____ (explicar) ustedes qué ha pasado.
6. La policía va al lugar del accidente con el objeto de _____ (tomar) declaración a los testigos.
7. Cambiaremos el contrato a efectos de que el cliente _____ (cumplir) con lo acordado.
8. Hago este curso con la intención de _____ (encontrar) un buen trabajo.
9. El arquitecto mostró un plano a fin de que el cliente _____ (entender) el proyecto.
10. Hicimos el trabajo con la finalidad de _____ (aprobar) el examen.

C. ORACIONES FINALES

Expresan el objetivo o el propósito de la acción de la oración principal.

Los conectores más utilizados son: *para que / a que / a fin de (que) / con el fin de (que) / a efectos de (que) / con el objeto de (que) / con la intención de (que)*.

Pueden aparecer con infinitivo o con subjuntivo.

- Cuando el sujeto de la oración principal es el mismo que el de la oración subordinada el verbo va en infinitivo.
Hicimos (nosotros) *una reunión* <u>con la intención de</u> **llegar** *a un acuerdo* (nosotros).

- Cuando el sujeto de la oración principal no coincide con el de la oración subordinada el verbo va en subjuntivo.
Hicimos (nosotros) *una reunión* <u>con la intención de</u> *que todos los vecinos* **llegaran** *a un acuerdo* (ellos).

Les doy (yo) *la llave para que* **prueben** (ustedes) *el coche.*

D. ORACIONES CONDICIONALES

Son oraciones compuestas por una oración principal y una subordinada. La subordinada contiene la condición que debe cumplirse para que se realice lo que se expresa en la oración principal. Generalmente, la oración subordinada va introducida por *si* y va separada de la oración principal por una coma (,) si va al principio de la frase.

Si mañana llueve, no iremos a la playa.

Hay diferentes tipos de oraciones condicionales:

- Posibles y probables: son oraciones en las que hay una gran posibilidad de que la condición se cumpla. La oración subordinada va en indicativo (nunca en futuro) y la principal también en indicativo o en imperativo.
Si <u>hace</u> sol, <u>vamos</u> a la playa.
Si <u>hacía</u> sol, <u>íbamos</u> a la playa.
Si <u>hace</u> sol, <u>iremos</u> a la playa.
Si <u>hace</u> sol, <u>id</u> a la playa.

Más gramática y ejercicios

- Improbables: son oraciones en las que es improbable que la condición se cumpla. Se refieren a sucesos en el presente o en el futuro. La oración subordinada va en imperfecto de subjuntivo y la principal en condicional.
Si hiciera sol, iríamos a la playa.

- Imposibles: son oraciones en las que es imposible que la condición se cumpla porque normalmente se refieren a sucesos en el pasado. La oración subordinada va en pluscuamperfecto de subjuntivo y la principal puede ir en condicional compuesto o en pluscuamperfecto de subjuntivo.
Si hubiera/hubiese hecho sol, habríamos / hubiéramos/hubiésemos ido a la playa.

Si no hubiera/hubiese llovido, habríamos/hubiéramos/hubiésemos ido a la playa.

Si el resultado de la condición tiene un efecto en el presente, la oración principal también podría ir en condicional simple.
Si hubiera/hubiese hecho sol, ahora estaríamos en la playa.

39 Relaciona las siguientes frases.

1. Si hubiera tenido la mañana libre,
2. Iremos de excursión
3. No te preocupes si pierdes este tren,
4. Si supiera quién lo ha hecho,
5. Ve al médico
6. Si tienes sueño,
7. Si hubiéramos salido antes,
8. Si fuera más prudente,
9. Si hubieran jugado mejor,
10. Si hicieras más deporte,

a. hay otro a las tres.
b. habríamos llegado a tiempo.
c. te habría acompañado.
d. si tienes fiebre.
e. te encontrarías mejor.
f. lo denunciaría.
g. acuéstate.
h. si haces los deberes.
i. habrían ganado el partido.
j. ahorraría un poco cada mes.

Además de la conjunción *si*, podemos construir oraciones condicionales con otros conectores:
***Como** sigas sin comer, perderás mucho peso.*
*Firmaremos el contrato **a condición de que** lo hagamos ante un notario.*
*Tendremos que preparar más comida **por si** vienen más personas.*
*Puedo comer de todo **siempre que** no sea frito.*
*Llegaré a las cinco, **salvo que** me digas lo contrario.*
*No me llaméis, **a no ser que** sea urgente.*
*No me interrumpas, **excepto que** sea imprescindible.*

***Como no** te pongas los guantes y el abrigo, te vas a resfriar.*

40 Elige la opción correcta.

1. Te compraré la bicicleta *a condición de que/a no ser que* apruebes el examen.
2. Tus abuelos se enfadarán *como/por si* no los visites.
3. Te lo contaré *siempre que/si* no se lo digas a nadie.
4. Mi médico me permitió comer pan *siempre que/a no ser que* fuera integral.
5. Estudio todos los días *por si/excepto que* nos ponen un examen sin avisar.
6. Estaré en la oficina hasta las ocho *salvo que/siempre que* tenga que salir antes.
7. Llevo un paraguas *por si/a condición de que* llueve.
8. *Como/Si* no lleguéis a las nueve, no cenaréis.

E. ORACIONES CONSECUTIVAS

Estas oraciones expresan la consecuencia de un hecho anterior y se unen con nexos que van precedidos por una coma. La mayoría de estos nexos van seguidos de indicativo: *así que, por eso, por ello, por ese motivo, por esa razón, por esa causa, así pues, por (lo) tanto, por consiguiente, en consecuencia, entonces, de modo que, de manera que, conque...*
*Perdimos el autobús, **así que** tuvimos que ir a pie.*
*Han cerrado el restaurante, **de modo que** no vamos a poder cenar allí.*

Con el nexo *de ahí que* utilizamos subjuntivo.
*Perdimos el autobús, **de ahí que** tuviéramos que ir a pie.*
*Han cerrado el restaurante, **de ahí que** no vayamos a poder cenar allí.*

También hay nexos que pueden ir seguidos de imperativo.
*Estoy muy cansado, **de modo que** sal de aquí y no me molestes.*
*No fuiste a la cita, **así que** discúlpate.*

Más gramática y ejercicios

41 Completa las frases con el verbo entre paréntesis en el tiempo verbal adecuado.

1 Ernesto ha aprobado el curso, de modo que _____ (merecerse) unas buenas vacaciones.
2 Miguel estaba enfermo, por eso no _____ (ir) al gimnasio ayer.
3 No se llevaban bien, de ahí que ahora no _____ (hablarse).
4 Yo no he usado la cocina y tú sí, así que _____ (lavar) tú los platos.
5 Lucía no estudió nada, de ahí que _____ (suspender) el examen.
6 Ana se puso muy enferma, en consecuencia _____ (tener) que aplazar la boda.

42 Completa las siguientes frases.

1 No podían pagar el alquiler de ese piso, así que
2 Estoy haciendo una dieta esta semana, por esa razón
3 Les tocó la lotería, de ahí que
4 Siempre discutían, por esa causa
5 Me cuesta mucho dormir por la noche, de ahí que
6 Tengo muy poca batería en el móvil, de modo que

F. ORACIONES CONCESIVAS

Expresan una dificultad para la realización de la acción que se expresa en la oración principal. Se pueden utilizar los siguientes conectores: *aunque, a pesar de (que), pese a (que), por mucho que, por más... que, por muy... que, y eso que, y mira que, aun...*

*Terminaré el proyecto **aunque** tenga que quedarme en la biblioteca toda la noche.*

Pueden ir acompañadas de indicativo, de subjuntivo, de infinitivo o de gerundio.

Con indicativo
Informan de hechos, normalmente nos referimos al presente o al pasado.
***Aunque** tiene 80 años, nada todos los días en la piscina.*
*Me enteré de la noticia, **a pesar de que** nadie me lo dijo.*

Con subjuntivo
- Cuando nos referimos a hechos desconocidos o no realizados.
***Aunque** estudiara mucho, no aprobaría el examen.*
***Aunque** el trabajo esté muy bien pagado, no lo aceptaré.*

- Cuando nos referimos a hechos que conocemos, pero que no nos parecen importantes.
***Aunque** sea muy simpático, a mí no me cae bien. No me gustan sus bromas.*

- Siempre van con subjuntivo los nexos *por mucho... que, por más... que, por muy... que*
***Por más que** insistas, no te acompañaré al concierto.*
***Por muy** guapa **que** sea, nunca podrá ser modelo.*

***Por mucho** dinero **que** me paguen, no pienso hacer ese trabajo.*

Con infinitivo
- Siempre van con indicativo los nexos *pese a* y *a pesar de*.
*Lo ayudó **a pesar de** ser miembro del otro equipo.*

*Cantaron muy bien **a pesar de** ser tan pequeños.*

Más gramática y ejercicios

Con gerundio
- Siempre va con gerundio el nexo *aun**.
Aun <u>cometiendo</u> pequeños errores, puedo sacar una buena nota en el examen.

*No confundir con *aún* = *todavía*

43 Completa las siguientes frases con el verbo entre paréntesis en el tiempo adecuado (indicativo, subjuntivo, infinitivo o gerundio).

1. Defendió a su hermano a pesar de _____ (tener) solo seis años.
2. Aunque _____ (entrenar) todos los días, no ganaría el campeonato.
3. Por muy bonito que _____ (ser), no pienso comprarlo.
4. Al final lo hice, y mira que mi padre me _____ (decir) que no lo hiciera.
5. No conseguiré comprarme una casa, aun _____ (ahorrar) mucho.
6. Por mucho que mi novia _____ (insistir), no iremos a esquiar mañana.
7. Hicimos una fiesta, aunque no _____ (ser) mi cumpleaños.
8. Por muy simpático que _____ (ser), no me cae bien.

G. ORACIONES MODALES

Expresan el modo o la manera en que ocurre algo. Los nexos más habituales que se utilizan en estas oraciones son: *como, como si, según, conforme, de modo que, de manera que, tal y como, sin que, igual que...*

- Van con indicativo cuando nos referimos a un hecho que sucede en el presente o el pasado.
*Hice la paella **como** me <u>dijo</u> mi madre.*

*Estoy montando el mueble **tal y como** indican las instrucciones.*

- Van con subjuntivo cuando nos referimos a un hecho que no ha sucedido (futuro).
*Haré la paella **según** me <u>diga</u> mi madre.*

- Usamos siempre subjuntivo con el nexo *sin que*.
*No haré nada **sin que** me lo <u>pida</u>.*
*No haría nada **sin que** me lo <u>pidiera</u>.*

*Julia y Martín no comprarán el piso **sin que** el banco les <u>conceda</u> la hipoteca.*

- Usamos siempre imperfecto o pluscuamperfecto de subjuntivo con el nexo *como si*.
*Tocó el piano **como si** <u>fuera</u> un músico profesional.*
*Tocó el piano **como si** lo <u>hubiera tocado</u> toda la vida.*

44 Relaciona las siguientes frases.

1. No me digas cómo lo tengo que hacer,
2. Nos miraba como si
3. Te encontrarás mejor
4. Hizo el trabajo
5. Salió de su casa
6. No sé hacerlo. Explícamelo
7. Lo hice tal y como
8. Lo enviamos por correo urgente

a. conforme pase el tiempo.
b. me indicó.
c. sin que su madre lo viera.
d. yo lo haré como quiera.
e. de modo que llegara lo antes posible.
f. no nos conociera.
g. de manera que lo entienda.
h. según le indicamos.

45 Elige la opción correcta.

1. Di la conferencia *como si/de modo que* me hubiera dedicado toda la vida a dar conferencias.
2. Hice la cena *sin que/tal y como* nadie me ayudara.
3. Los participantes se examinarán *de manera que/según* vayan llegando.
4. Prepara el examen *como/como si* te aconsejé.
5. Decoró la casa *igual que/según* si fuera una decoradora profesional.
6. Hizo la paella *tal y como/como si* le enseñó su madre.
7. Haré el trabajo *conforme/de modo que* me lo pidan.
8. Mis padres se comportan *como si/tal y como* tuvieran quince años.

Transcripciones

TRANSCRIPCIONES

1 Diversidad
Hábitos

12 🎧 1

Hoy os voy a contar qué hago en un día normal. Pues yo creo que tengo una vida muy ordenada, quizás un poco aburrida, pero es que me gusta la rutina.
Me levanto todos los días a la misma hora, a las siete y media. Entonces voy a correr media hora por el parque con mi perro. A él también le gusta mucho correr.
Después, me ducho, desayuno y voy al trabajo. Siempre voy en bicicleta, porque mi oficina está muy cerca. La verdad es que mi trabajo me gusta mucho, soy programadora en una empresa de tecnología. A mucha gente le parece un trabajo aburrido, pero yo me divierto mucho.
Trabajo de nueve a una y hago un descanso de una hora para comer. Normalmente, me llevo la comida y como con mis compañeros de trabajo en la cocina de la empresa. Después, trabajo desde las dos hasta las seis.
Cuando salgo del trabajo, voy a comprar. Tengo un supermercado muy cerca de mi casa, que es muy práctico. Llego a casa y casi siempre cocino. Mi comida favorita es la asiática.
A veces vienen amigos a cenar a casa, pero normalmente, durante la semana, ceno sola. Luego veo normalmente las noticias, escucho música o veo una película en la televisión.
Y eso es todo. A las diez y media me voy a la cama porque me gusta leer antes de dormir. A las once y media, más o menos, me duermo. Como digo, una vida un poco aburrida.

2 Tradición
Estereotipos

15 🎧 2

En los procesos de selección para un puesto de trabajo o un puesto de dirección los estereotipos son un gran problema cuando la candidata es una mujer. Existen ideas que se han transmitido a lo largo de la historia y que, por supuesto, no son ciertas. A continuación, una lista de las falsas creencias o estereotipos:
- A las mujeres se les da mejor hacer trabajos rutinarios y con las manos.
- Una mujer no tiene la misma autoridad que el hombre para dirigir a un equipo de trabajo.
- Los hombres están más capacitados para llevar la dirección porque son más racionales y fríos en la toma de decisiones.
- Los hombres tienen un menor absentismo laboral, nunca faltan al trabajo.
- Las mujeres temen ocupar espacios de poder como la dirección de una empresa.
- La maternidad impide a las mujeres centrarse en su trabajo.

Costumbres y celebraciones

20 🎧 3

Rosas, libros y enamorados nunca faltan en Barcelona el 23 de abril. El Día Internacional del Libro se convierte en Cataluña en una jornada festiva especialmente romántica. Es cuando los catalanes celebran su patrón, Sant Jordi, y salen a la calle para cumplir con una curiosa tradición popular. La costumbre es que las parejas se intercambien regalos: los hombres reciben un libro y las mujeres, una rosa. Aunque actualmente también se regalan libros y rosas los amigos y las familias.

3 Cambio
Transformaciones en el mercado laboral

7 🎧 4

1 ● ¡Pedro! ¿Qué tal? ¿Ya has salido del hospital?
 ■ Sí, hace una semana.
 ● ¿Y cómo te encuentras?
 ■ Mucho mejor, aunque he perdido unos kilos.
 ● Sí, se nota. Estás más delgado.
2 ● Hola, Maribel. ¡Qué sorpresa!
 ■ Hola, ¿cómo estás?
 ● Bien, bien... Oye, ¿esta es tu niña? ¿Laura?
 ■ ¡Sí!
 ● Huy, ¡qué alta! Hace dos años que no la veo, y mira cómo está de grande.
3 ● ¡Alberto! ¡Cuánto tiempo sin verte!
 ■ Hola, tía Rosa. ¿Cómo está?
 ● Estás muy cambiado, ¿qué te has hecho?
 ■ Nada. He cambiado de gafas.
 ● No, no..., y algo más.
 ■ Pues no sé...
 ● ¡Claro! Ahora llevas barba.
 ■ ¡Ah, sí! ¿Estoy guapo?

Evolución de la educación

18 🎧 5

No tengo que ganarme
el derecho a aprender,
es mío
el derecho a ilustrarme.

Y si por culpa
de leyes defectuosas
y errores de diseño
y porque en demasiados lugares
todavía a demasiada gente no le importa,
si por culpa de todo eso y de otras cosas
la puerta del aula
con alguien capaz de enseñar
aún está fuera de mi alcance,
todavía no está a la vista,
esos fallos mi derecho no anulan.

Así que aquí estoy.
Soy uno de ustedes.
Y por la gracia de Dios
y de ustedes, hallaré mi lugar.
No nos conocemos aún,
todavía no me conocen,
así que aún no saben
que puedo darles mucho a cambio.

El futuro es como me llamo
y lo único que reclamo
es mi derecho a aprender.

Evaluación

4 A y B 🎧 6

Hoy vamos a hablar de las protestas, de las huelgas, de las movilizaciones, de la gente que sale a la calle para exigir algo, para manifestar su desacuerdo.
Mucha gente se pregunta si sirven para algo las huelgas, si tiene sentido salir a la calle a protestar. La respuesta es clara: sí. Veamos algunos ejemplos de protestas sociales que cambiaron el mundo.
El primer caso lo podemos situar en Washington, en 1927, cuando un grupo de sufragistas decidieron concentrarse frente a la Casa Blanca todos los días. Durante los primeros meses no consiguieron nada, pero un año después el presidente Wilson aprobó en el Congreso el voto de las mujeres.
El segundo ejemplo lo tenemos en la India. En 1930, a causa de un impuesto sobre la producción y la venta de la sal que venía de Londres, Gandhi comenzó una caminata por el país para protestar por la injusticia colonial. A Gandhi se le unieron miles de jóvenes, y diecisiete años después, la India consiguió la independencia.
El tercer ejemplo lo podemos situar en Sudáfrica, en 1976, concretamente, en Soweto. Los estudiantes de este barrio salieron a la calle para protestar por una nueva ley. En esa protesta murieron cientos de jóvenes, y a partir de ese momento comenzó la lucha contra el *apartheid*. Unos años más tarde, el líder del movimiento, Nelson Mandela, llegó a ser el presidente de su país.
Vamos con el último ejemplo. En 2003, en Liberia, las mujeres decidieron protestar por la guerra civil que estaban sufriendo en el país, y en la que murieron más de 50 000 personas. Con sus protestas consiguieron un acuerdo de paz entre el Gobierno y las dos fuerzas rebeldes. En 2011, Liberia se convirtió en el primer país africano que eligió a una mujer como presidenta.
Estos son solo unos ejemplos, pero no podemos olvidar que la mayoría de los derechos que ha logrado la sociedad no nos los han regalado; todos son gracias a millones de personas que un día decidieron no quedarse de brazos cruzados y salir a protestar.

4 Convivencia
Relaciones sociales

16 🎧 7

La convivencia en las familias ha cambiado muchísimo en los últimos años, y esto es debido, en gran parte, a la llegada de la tecnología. En la generación anterior, toda la familia se sentaba alrededor del televisor para ver juntos los programas o las películas que este ofrecía. Hasta la llegada de los vídeos, las únicas opciones que había y sobre las que se discutía eran los programas de los distintos canales de la televisión. En muchos casos, también si se quería escuchar música, había un solo aparato y este estaba en el salón. Muchas veces se discutía porque unos querían escuchar música y otros no. Hoy en día, en la mayoría de las familias de clase media, cada uno de los miembros dispone de alguna forma de escuchar música o ver una película. Debido a ello, la familia ya no se reúne en el salón, sino que cada uno está en su habitación, por lo que la comunicación es casi inexistente. También antes había un solo teléfono que todos compartían y este era, junto con las cartas, el único medio para comunicarse con los ami-

TRANSCRIPCIONES

gos. Eran constantes las peleas entre los hermanos para poder hablar por teléfono. Hoy en día, como todos sabemos, la comunicación virtual es constante y cada uno puede escribir mensajes o hablar con alguien sin molestar al resto de la familia.

Evaluación
4 🎧 8
ENTREVISTADOR: ...Y ahora queremos que nos contéis si conocéis algún caso de marginación en vuestro centro. Por favor, decid simplemente vuestro nombre primero.
- Yo me llamo Wilkin y puedo hablar de la marginación porque la he sufrido. Cuando llegué a la escuela en España, aunque hablaba español, mi idioma no era el mismo. Yo crecí en campo de República Dominicana, y claro, las costumbres allí son diferentes, e incluso las palabras que utilizan también. Muchos compañeros se reían de mí porque no conocía ciertos tipos de comidas o las llamaba de forma diferente. También se reían cuando hablaba de ropa y decía *lentes*, en vez de *gafas*.
- Yo soy Jorge. Me acuerdo de que hace un par de años llegó a nuestra clase un chico a mitad de curso. No sé por qué, pero era un chico muy delgado y muy pequeño. Los otros chicos se reían de él y lo insultaban. ¡Pobre! La verdad es que yo no hice nada para ayudarle. Al cabo de tres meses dejó de venir al colegio.
- Mi nombre es Rocío. Un día salí de clase y vi cómo dos chicos mayores estaban empujando y golpeando a otro chico que era negro. No me atreví a hacer nada porque los chicos eran muy violentos, pero fui corriendo a la dirección y avisé de lo que estaba pasando. No sé exactamente lo que pasó, pero desde aquel día ya no molestaron más al chico nuevo.
- Yo soy David. En mi colegio hay muchos chicos y chicas ricos que llevan siempre ropa de marca. Muchas veces me hacen sentir mal porque hacen comentarios sobre mis zapatillas de deporte, o incluso los pantalones, porque son baratos y no están, según ellos, de moda. Me gustaría no ser observado. Para mí la ropa no es importante y me da igual. A mí tampoco me gusta cómo visten ellos, y yo no digo nada.
- Yo me llamo Fátima. A mí me gusta llevar el pañuelo, ya no solo por mi religión, sino por costumbre. Muchas veces me insultan y me dicen que me lo quite. Quieren ver cómo tengo el pelo, pero a mí me molesta mucho. Quiero que me respeten.

5 Información
Publicidad
8 🎧 9
Para el dolor de cabeza, tome Dolorex.
¡Dolorex es la solución!
Deje de sufrir y elija Dolorex.
Para más información, consulte a su médico.

Las instrucciones
14 🎧 10
Primero, dirigite hacia el norte en avenida Entre Ríos hacia avenida Rivadavia.
Luego, continuá derecho por avenida Callao.
Finalmente, doblá a la derecha hacia avenida Corrientes y te encontrás con el Obelisco.

Las redes sociales
26 🎧 11
1 móvil
2 información
3 dispositivo
4 página
5 rápidamente
6 campaña
7 instrucción
8 anuncio
9 publicidad
10 último
11 últimamente
12 solución

6 Bienestar
Estrés
14 🎧 12
1 Me gusta mucho una chica del instituto, pero... no sé cómo decírselo. Nos vemos todos los días y a veces hablamos, pero es que me pongo muy nervioso solo de pensar en decirle que me gusta... Creo que estoy enamorado de ella.
2 He perdido el móvil que me regalaron mis padres y no sé qué hacer. Estoy pensando en no decirles nada y comprar uno nuevo con mis ahorros, pero si lo descubren, se van a enfadar.
3 Últimamente duermo muy poco y estoy muy cansado. Creo que es porque estoy bastante estresado. Tengo muchos trabajos que hacer y también tengo que estudiar mucho porque el próximo año termino Bachillerato y quiero estudiar en una universidad muy conocida donde exigen una nota muy alta para entrar.
4 Quiero hacerle un regalo a mi amigo por su cumpleaños. Le gusta mucho la salsa y también le gusta mucho el fútbol. Esta semana hay un concierto de un grupo cubano muy bueno en la ciudad y también hay un partido de fútbol con su equipo favorito.

7 Ciencia
Ser científico
17 🎧 13
Mario Molina Henríquez nació en la Ciudad de México el 19 de marzo de 1943. Cursó sus primeros años de educación en México y a los 11 años se fue a Suiza por considerar el idioma alemán como de gran importancia en el desarrollo tecnológico.
A su regreso se graduó como ingeniero químico. En 1972 obtuvo el doctorado en Química Física por la Universidad de Berkeley. El 28 de junio de 1974 publicó en la revista *Nature* un artículo, junto a Sherry Rowland, sobre la descomposición generada por los CFC en la capa de ozono. Durante casi 20 años trataron de desacreditar su teoría, pero al final, el 11 de octubre de 1995, fue galardonado con el Premio Nobel de Química junto a Rowland y Paul Crutzen.
Su descubrimiento abrió una de las prioridades en las agendas de trabajo de las principales naciones. El cambio climático, el estado de salud del planeta y su repercusión en el ser humano son temas de máximo impacto en la actualidad. Por ello, hoy en día, el Dr. Molina es uno de los hombres más influyentes científica y socialmente, considerado como pilar en el pensamiento de desarrollo y supervivencia de la humanidad.

Evaluación
4 🎧 14
Estos son los pasos a seguir para poder participar en el concurso de ciencia de Google. Lo primero que debes hacer es familiarizarte con las instrucciones y elegir qué quieres hacer, qué quieres mejorar a través de la ciencia. El segundo paso es encontrar un tutor que te ayude y te guíe en el proyecto. No es indispensable, pero sí recomendable. El tercer paso es la experimentación. En esta etapa deberás seguir ciertas directrices oficiales para lograr que tu experimento tenga validez. La creación del sitio web para el proyecto será el cuarto paso. Y por último, deberás conocer los criterios de evaluación de tu proyecto. El proyecto será evaluado por un jurado.

8 Amor
El significado del amor
4 🎧 15
Amor eterno
Podrá nublarse el sol eternamente;
podrá secarse en un instante el mar;
podrá romperse el eje de la tierra
como un débil cristal.
¡Todo sucederá! Podrá la muerte
cubrirme con su fúnebre crespón;
pero jamás en mí podrá apagarse
la llama de tu amor.

Rima XI
–Yo soy ardiente, yo soy morena,
yo soy el símbolo de la pasión;
de ansia de goces mi alma está llena;
¿a mí me buscas? –No es a ti, no.
–Mi frente es pálida; mis trenzas, de oro;
puedo brindarte dichas sin fin;
yo de ternura guardo un tesoro;
¿a mí me llamas? –No, no es a ti.
–Yo soy un sueño, un imposible,
vano fantasma de niebla y luz;
soy incorpórea, soy intangible;
no puedo amarte. –¡Oh, ven; ven tú!

9 Solidaridad
Acoso
7 🎧 16
1 Trabajo diez horas cada día en un restaurante, pero solo me pagan ocho. He hablado con mi jefe y me dice que si no estoy de acuerdo con esas condiciones, lo mejor es que busque otro trabajo. ¿Tú qué harías?
2 Tengo problemas con Laura. Es una compañera de mi clase y mi mejor amiga hasta ahora. Antes íbamos siempre juntas, pero desde que salgo con un chico de otro curso ya no me habla. No responde nunca a mis mensajes, y a mí

TRANSCRIPCIONES

me pone muy triste, porque para mí sigue siendo mi mejor amiga. No sé qué hacer.
3 El otro día estábamos jugando un grupo de amigas en mi casa y empezamos a ponernos ropa de mi abuela. Una amiga me hizo una foto y salí horrible. Salí tan fea en la foto que nos dio un ataque de risa a todas. ¡No podíamos parar de reír de lo ridícula que yo estaba! Al día siguiente, la foto la tenía todo el mundo en el instituto. ¡Qué vergüenza! Creo que la ha enviado una de mis amigas; bueno, una de las que yo pensaba que era una amiga. Se lo he preguntado, pero me dice que ella no ha sido. No sé si hablar con la directora del instituto o con mis padres.
4 Esta mañana he visto cómo tres chicos pegaban a un chico de mi clase y no he hecho nada. Es un chico un poco solitario que normalmente no habla con nadie. No es amigo mío, pero me siento mal... ¿Vosotros qué haríais?

Voluntariado

22 🎧 17
1 LUNES: Hola. Soy Luis, de Zaragoza. Si yo pudiera cambiar el mundo, abriría las fronteras y crearía un solo país.
2 MARTES: Hola. Por suerte vivo en una casa muy grande con mi familia, pero si no tuviera un lugar para vivir... hablaría con el Ayuntamiento y pediría ayuda al Gobierno.
3 MIÉRCOLES: Si fuera el alcalde de mi ciudad, cambiaría el sistema de transportes. Ahora hay demasiados coches.
4 JUEVES: Buenos días. ¡Dejar de trabajar! ¡Ay, es mi sueño! Si pudiera vivir sin trabajar, creo que trabajaría para alguna ONG como voluntaria.
5 VIERNES: Si fuera la persona más rica del mundo, crearía puestos de trabajo para todos y ayudaría a todas las personas que pudiera.